한국음식문화
박물지

韓國飲食的素顏

從泡菜到蔘雞湯，
形塑韓國飲食文化的
100個事典！

황교익 지음
黃教益——著 蕭素菁————譯

看看韓國食物的「素顏」

寫美食文章的人，想要炫耀自己的專業知識時，常常會提到這句話。「只要看你吃的東西，就可以知道你是什麼樣的人。」這句話裡，隱含著「我完全可以看透你！」的知識性壓迫，正好適合「肚子有墨水」的人賣弄。這是西方一位美食家所說的話，雖然這樣說沒有錯，但是把這句話掛在嘴邊的人當中，我還不曾見過有哪一位具備足夠的知識能力，可以實際從一個人的飲食偏好去分析那個人。他們多半只是從西方格言或東方的舊文獻當中，找出幾行跟食物有關的文字，然後擺出知識分子的姿態罷了。

如果把「只要看你吃的東西，就可以知道你是什麼樣的人。」句子中的「你」改成「我」，就可以成為一句「透過食物認清自己特質」的最佳格言了。當自己喜歡的食物擺在眼前時，如果讓腦海裡的記憶翻攪一下，想想是從什麼時候開始喜歡吃的，是誰做給自己吃或者和誰一起吃的，在這過程中就能面對自己未曾意識到的內在需求和挫折感。

用這個模式，試試把「你」的位置代入「韓國人」看看，這是我很久以前就有的想法——「只要看韓國人吃的東西，就可以知道韓國人是什麼樣的人。」會產生這樣的想法，是因為大概在十年前聽到了一場專訪，那是一位韓國傳統食物研究者出版有關宮中食物書籍時接受的專訪。作者提到出版這本書的理由：「美麗的韓國食物逐漸被遺忘，反過來餐桌上的食物卻被豬骨醒酒湯、部隊鍋、牛頭肉湯飯等這類國籍不明的淺薄食物取代，令人感到遺憾。」將韓國人喜歡吃的各種食物視為國籍不明的淺薄食物，這種文化上的傲慢讓人吃驚。李明博政府時期推動的韓食全球化事業，極端助長了韓國傳統食物研究者的傲慢。政府為推動韓食世界化所發行的《一〇〇大韓國美食精選》封面，刊登的是韓國人幾乎不曾見過、在家也沒有吃過的神仙爐照片。還有，政府認為應該將韓國人都愛吃的辣炒年糕推廣到世界各地，甚至還出錢設立研究所，結果卻推出醬炒的「宮中年糕」到國民眼前，說這個年糕能夠推廣到全球各地。看到這些不把韓國人日常吃的食物當成韓國食物的行為，我更堅定地認為需要一套「素顏」的韓國食物理論，於是就將長久以來的想法具體化，然後寫了這本書。

這本書的內容，從提問「所謂的韓國食物是什麼」開始，接下來再對各種韓國人喜愛吃的食物以環環相扣的方式鋪陳，依序讀下來，就能對所謂的韓國食物產生一個巨大的圖像。整篇從頭看到尾，會比挑選章節跳著閱讀來得好。如果讀者能先從「所謂的韓國食物是什麼」這個提問開始讀，慢慢把問題轉移到「吃這些食物的韓國人是誰」，進而享受到知識累積的過程，這是寫書過程中已經享受到知識累積的作者，最樂見的一件事。

韓食內與外

近十多年來，韓流風靡全球，也席捲臺灣，除了我們所熟悉的韓國流行音樂 K-pop、不輸給好萊塢電影的韓國電影 K-movie、以及人們愛看的韓劇 K-drama 等大眾文化外，在大韓民國第十七任總統李明博執政（二〇〇八～二〇一三年）時，韓國食物 K-food（韓食）也被作為一個國家品牌，試圖推廣到全球，介紹給世人。而今在臺灣國內，要吃到一頓韓國的「石鍋拌飯」、「部隊鍋」，抑或「韓式炸雞」，已非難事。

但在我們品嚐日常生活隨時可得的韓食時，不知道讀者是否如同我一般，有時候會想要知道此道韓食的由來，抑或是韓食之外的歷史故事、文化交流呢？由出身南韓慶尚南道馬山的美食家黃教益，寫作出的《韓國飲食的素顏》，深深地滿足了我在吃完一道道美味韓食後的求知欲。

此書將近全面性地介紹韓國當地常見一百道食物，諸如辣炒年糕、韓定食、魚板、韓式煎餅外，還介紹了看似突兀的「外國」食物，如漢堡、馬卡龍、爆米花、糖醋肉等，甚至連食物材料大米與醬油、餐具湯匙與筷子、做菜空間廚房、使用器材的桶裝瓦斯，以及概念式的鄉土飲食、宮中飲食等，也一併收錄到書內介紹──乍看讓人起疑，這些也算是「韓食」嗎？這也是韓食！精準地的說，這也是韓食「文化」的一種。

因為，作者黃教益思考韓食文化的角度與觀察，就我看來，他並非如同一般的歷史學家或美食家，僅僅單純介紹韓食的起源、料理方式、發展種類與歷史（參見如 p.57 三層肉）罷了，而是扣緊著「人」來談論韓食文化，這個「人」是他所言的「煮食物是為了吃，吃的人才是真正食物的主體。也就是說，只有當吃的人成為食物主體，食物才可能被認知為是一種文化。」由此觀點出發，寫出「觀察和紀錄下以前及現在吃韓食的韓國人的生活樣貌」的韓食文化，這也連結到上方我所提到的，許多「疑似」與韓食「看似」無關之物，也是韓食文化的一種，被他收錄到書內介紹之主因，而這一觀點是此書最驚艷，與值得推薦給大家之處。

此外，此書也從文化「交流」觀點切入，特別是日本殖民朝鮮半島時期（一九一〇～一九四五），言及韓國食物如何受到日本食物影響，而後經人改造創造更適合韓國人之風味（參見如 p.91 日式蕎麥麵等），這樣的韓食文化交流不僅僅侷限在日本，如西方（參見如 p.240 披薩）、中國（參見如 p.228 糖醋肉）等各國食物，都曾來到朝鮮半島，影響韓國人，進行過交流，而後增長或削弱，變形誕生出屬於韓國文化圖騰的韓食文化呢。由韓食一例可見，文化並非一夕之間誕生，而是經由長時間的發展與累積而成。

書內所介紹的韓食雖為人們常見常吃，但隱藏在韓食內與外的故事與文化，黃教益作家以深入淺出的口吻娓娓道來，十分推薦一讀，我自己也從此書學到很多，讀得津津有味。今樂見幸福出版社出版此書，以饗國內讀者，敝人慶德在此多言幾句，沾光地推薦此書。謝謝。

——陳慶德（弘光科技大學文創系講師、《再寫韓國》作者）

目錄

看看韓國食物的素顏 2
開始之前 10
01 飯與小菜 16
02 飯桌的平等思想 19
03 韓定食 21
04 白飯定食 24
05 南道飲食 26
06 宮中飲食 28
07 鄉土飲食 30
08 進貢品 34
09 立川米食 36
10 米 38
11 廚房 41
12 飯碗 44
13 筷子 48
14 湯匙 50

15 湯 53
16 桶裝瓦斯 55
17 三層肉 57
18 豬肉 60
19 牛 62
20 烤牛肉 65
21 貊炙 69
22 雪下覓 71
23 烤牛排 74
24 烤牛里脊 76
25 牛肉餅 78
26 年糕 80
27 年糕湯 84
28 雉雞 86
29 冷麵 88
30 日式蕎麥麵 91
31 咸興冷麵 94
32 蕎麥涼麵 97

33 辣炒雞排 99
34 蒸雞 102
35 雞 104
36 蔘雞湯 106
37 炸雞 109
38 雞蛋 111
39 品牌雞蛋 114
40 水煮蛋 116
41 核桃餅 118
42 甜燒餅 121
43 豆沙包 124
44 水餃 128
45 醃蘿蔔 130
46 泡菜 132
47 辣椒 135
48 鹽 138
49 魚蝦醬 142
50 米漬魚醬 145

51 蝦醬 148
52 鯷魚醬 152
53 鯷魚乾 154
54 青鱗魚 157
55 韓國喜麵 159
56 麵疙瘩 162
57 刀削麵 164
58 炸醬麵 167
59 辣炒年糕 169
60 關東煮 172
61 燒酒 174
62 馬格利米酒 176
63 綠豆餅 178
64 煎餅 181
65 血腸 184
66 部隊鍋 187
67 馬鈴薯湯 189
68 馬鈴薯 191

69 蕃薯 194
70 橡實涼粉 197
71 豆腐 199
72 韓式味噌 202
73 醬油 206
74 辣椒醬 208
75 醋 210
76 生魚片 212
77 醋飯 214
78 紫菜包飯 217
79 拌飯 220
80 炒飯 223
81 炒馬麵 225
82 糖醋肉 228
83 豬腳 230
84 斑鰩 232
85 起司 235
86 火腿 237

87 披薩 240
88 漢堡 242
89 可樂 245
90 咖啡 247
91 紅酒 250
92 啤酒 253
93 魚乾 255
94 爆米花 258
95 馬卡龍 260
96 泡麵 263
97 義大利麵 265
98 自助餐 268
99 有機農 270
100 政治 272
後記 韓國飲食的全球化之路 276

開始之前

翻閱本書之前，必須同時整理的幾個想法。

食物來自於大自然。在泥土和水裡成長的植物、依賴那些植物維生的動物、還有吃那些動物的動物們，都是人類的食材。因此所有食物，都蘊藏著生產及食用該食物的當地自然風土。大韓民國的食物中，同樣也蘊含著韓半島上的大自然。

大韓民國是個小國，位於亞洲大陸東端的半島上。半島沒有遼闊的海洋，受中國大陸及日本諸島包圍的半島邊緣海，無法觸及大海；從大陸延伸出來的山脈向東偏斜，貫通整個半島。山雖然不高，但四處密布，平原相對稀少珍貴。發源自山脈各個山谷的河川，往較為平坦的西方和南方流去，最後注入海洋。由於位處季風氣候帶，夏天多雨酷熱，冬天又受到大陸冷氣團影響，氣候相當寒冷。這一片狹小荒蕪的土地，韓民族稱之為「錦繡江山」，意指土地秀麗，藉此對五千年來這片土地孕育韓民族的恩惠，表達感謝之意。

半島面積狹小，自然環境嚴酷，但是這裡生長的物產卻很多樣。不算高的山脈及流經山間的河川，還有分布在河川下游狹窄卻肥沃的平原，加上來自三面海洋的漁獲，物產可說是不計其數。特別是半島的四季變化鮮明，即使只是一個小地方，那裡的土地和水都能隨著春、夏、秋、冬，孕育出變化萬千的物產。

不過這個狹窄的半島所提供的多樣物產，卻常因產量不足而無法填飽韓民族所有人的肚子。洪水和乾旱使半島上的人經常挨餓，很矛盾的一點是饑餓反而帶來食物的多樣性。為了要填飽肚子，平常認為不能吃的東西也拿來做成「料理」。只要吃下去不會拉肚子或鬧出人命，這項材料就會被列為新的食材。

不要忘了，**所有的韓國食物都是來自於韓國的大自然。**

韓國食物，是韓國的食物

所謂的韓國食物，是指現在生活在韓國這塊土地上的人們日常所吃的食物。韓國食物通常被認為已融入累積數千年的韓民族食物傳統，由於只有單一民族長期居住在韓半島，所以一提到傳統，大家總習慣認定是從檀君時代起流傳下來，一成不變的「某種東西」。其實我們目前所吃的韓國食物型態，它的歷史並沒有那麼久遠。

食物是以自然產物加上人工技術製作而成，最重要的人工技術不外乎烹煮器具與爐火。從烹煮器具來看，史前時代有使用櫛文陶器烹煮的食物，三國時代也有用蒸食器具烹煮的食物。在不久前，韓國食物曾經被稱為「朝鮮食物」，若以朝鮮食物的烹煮器具來看，其實只有鐵鍋、煎鍋、烤架而已，顯見當時能夠煮出來的食物和現在的韓國食物不同。食物也會因為使用的爐火不同而有差異。使用燒柴的年代與使用煤炭和石油的年代，甚至是使用瓦斯和電磁爐的現在，每個時期所烹煮的食物型態與味道都有很大的不同。

有的人會在韓國食物前面加上「傳統」兩字修飾，煮出來的卻是朝鮮時期的食物。嚴格來說，這種食物的正確稱法應該是「以現代烹煮器具所重現的朝鮮食物」。因為如果想煮出真正的傳統朝鮮食物，就必須要使用朝鮮時期的烹煮器具和爐火，這樣才能煮得出當時的食物。

想探究目前住韓半島的人所吃的韓國食物原型，正確的方法應該是從開始使用現代化烹煮器具和爐火以後所煮出來的食物裡頭去找。在韓國食物的原型當中，當然也傳承了部分的朝鮮料理。只不過那一部分的傳承，並無法據以強調食物具有久遠的傳統。畢竟朝鮮廚房和現代韓國廚房天差地遠，如今只有在博物館才看得到。

食物的主體是人

食物的主體，不是煮食的人。煮食物是為了吃，吃的人才是真正食物的主體。也就是說，只有當吃的人成為食物主體，食物才可能被認知為是一種文化。因為文化若是缺乏共享者，便無法存在。廚師的烹煮過程和最後的成果——食物，可以解釋為是形塑飲食文化行為的條件及環境要素。所以韓國食物的主體，就是吃韓國食物的韓國人，由這些共享韓國食物的韓國人，進而形塑出韓國的食物文化。

翻閱一些將韓國食物文化做系統性整理的書時，會發現內容多半偏重在烹煮方式，也就是把如何料理食物，當成食物文化的主要內涵。與韓國食物文化相關的各種著述，成為近來把韓食推向世界舞台的一環。這些著述也不脫這個範疇——先在目次列出被認為是韓國食物的料理，然後將食物的烹煮方法細節加以標準化，甚至更進一步翻譯成各種外文。這樣做當然不是毫無意義，但是書中卻沒有探究韓國人為何會煮這些食物來吃的背景，也未曾告訴大家真正的韓國飲食「文化」。

因此本書的焦點不在於食物本身，而是在於觀察和記錄以前及現在吃韓國食物的韓國人生活樣貌。與其說是整理韓國飲食文化，不如說是要使著述本身成為「文化工作」。這項作工，也將促使韓國食物的焦點重新轉回到韓國人的生活裡。

飯和小菜 밥과반찬 (bap-gwa-ban-chan)

韓國食物基本上是由飯和小菜組成的。這樣的食物組合，與同樣以米飯為主食的其他民族食物沒有太大的差異。

米做的食物以米飯為主，如果光只是吃飯，味道會比較淡。雖然米飯在咀嚼一段時間後，裡面的澱粉會因為糖化而散發甜味，但是可以只吃飯的人並不多。

所以通常會在飯裡加入各種鹹味、酸味、辣味、甜味食物一起吃。以米飯為主食的亞洲民族餐桌多半是如此。

在以米食為主食的民族當中，日本食物與韓國食物的樣式最為相似。如果將這兩個民族的主要食物餐桌擺在西方人面前，西方人多半會分不清楚，就好像韓國人也是分不清楚義大利料理與法國料理一樣。如果將全世界的食物擺放一起，韓國食物和日本食物因為同樣以飯菜為基本搭配，有可能就會被歸類為屬於相同的飲食文化。

受到殖民經驗的影響，使得韓國人傾向維持「韓國與日本不同」的強烈信念。在殖民統治期間，日本一直想藉由所謂「內鮮一體（譯註：指朝鮮與內地日本「一體化」）」的政策，將韓國人同化為日本人。一九四五年韓國因日本戰敗而光復，之後韓國人便一直強調與日本的不同，藉此確保韓國人的自我認同。不過有一件事還是需要面對，那就是當我們強調「不一樣」時，這當中其實正隱含著「一樣」的前提。

食物不會是由單獨一人維持。我們一邊吃著鄰居的食物，我的食物因此而改變，同樣地鄰居的食物也會改變，食物就在這「混合的連續」中形成。想了解韓國食物的樣式源自哪裡，就要探究日本食物的樣式。未來日本食物與韓國食物也會因為具有相似的樣式，而不斷地被混淆。

飯桌的平等思想 밥상평등사상
（bap-sang-pyeong-deung-sa-sang）

由飯菜組合的韓國飯桌，推測應該是高麗時代形成的。高麗時代以前的韓民族飯桌，應該和亞洲大陸的游牧民族飯桌一樣，吃飯時都是將各種食物全部放在同一個盤子裡。

在飯和菜的組合前面，韓國人的飯桌人人平等。飯桌內容的量與質或許有差異，但「吃飯配菜」形成的飯桌組合，富人和窮人通通一樣。韓國人藉由這樣的飯桌組合，建立了一套「不管是國王或是乞丐，同樣要日食三餐（譯註：原文為「임금이나 거지나 하루 세 끼 먹는 것은 같다」）」的飯桌平

等思想。

這句話應該是出現在朝鮮時代，也可能從很早以前就有了。朝鮮時期以前，階級社會已經存在數千年的韓民族，卻說出「飯桌前人人平等」這句話，其實反而為階級間的嚴重差異，以及階級間文化交流與身分移動不易的事實提供了反證。底層人民因為無法往階級上層移動，所以就把心思專注在每一張飯桌同樣都要吃飯配菜這件事上面，好讓心裡能夠舒服一點。

這種飯桌平等的思想，在現代反而被權力者當成收買國民好感的策略。透過媒體製造輿論，宣傳總統喜歡吃的是刀削麵或炸醬麵，所以飯桌與一般民眾沒什麼不同。可笑的是大韓民國的國民，很容易就相信權力者透過食物所操作的形象。此外，總統或政治人物常去的餐廳多半位於鬧區，即便總統是一名殺人的獨裁者，也是一樣會享受美食的。

韓定食 한정식（han-jung-sik）

以飯菜為組合的韓國食物，用外食餐飲業「高檔」一點的稱法叫韓定食。韓定食比朝鮮王所吃的十二道菜御膳桌還豪華，桌上擺的菜多達數十種，幾乎把能夠配飯的菜餚全都集合起來擺上飯桌。

韓定食出現的歷史並不算久，從朝鮮時期畫作裡的筵席場合來看，通常是單人飯桌的形式，現在所看到的大圓桌韓定食，則是源自於日帝強佔期的小酒館。日帝強佔期除了韓半島的食物外，日本食物及西方食物也開始端上小酒館的飯桌。

韓國光復以後，小酒館的生意日漸興隆，那裡成了男人之間的招待空間，酒和女人伴隨著各種食物出現。到了一九八〇年代，稱為包廂酒店

（RoomSalon）的西式接待空間登場，小酒館生意也開始大幅衰退。小酒館的「女人」移往包廂酒店，同樣地酒店女主人也轉移陣地到包廂酒店的廚房。部分小酒館轉型為不提供娛樂服務的餐館，以維持生計，而那些擺在餐館飯桌上滿滿的食物，就取名叫做韓定食。

以招待者的立場來說，主人必須傳達給客人「我可以為您如此破費」的事實，因此擺上桌的食物，必需準備得比當場可吃的分量還多。韓定食還保留著待客的味道，擺上餐桌的食物分量相當多，所以無法以單人桌出餐，至少要兩人桌或三人桌、四人桌，才能供應。

韓定食餐館雖然不再是招待的空間，但至今仍不改過去待客時的舖張，而韓國人也偏好這樣的花費模式。韓定食餐館以常有財界和政界人士出入為號召來吸引客人，這種試圖統一韓國上層階級口味的努力，使韓定食得以繼續維持下去。

白飯定食 백반（baek-ban）

白飯定食與韓定食有點類似，同樣是以飯和菜組成，不同的是白飯定食上桌的菜色種類極少，分量大概只足夠配一碗飯的程度。從朝鮮末期的照片中可以看到白飯定食的原型，這些照片是在小酒館裡拍的，照片中有張擺著飯、湯及三～四道菜的小飯桌，樣式應該與當時一般家庭的飯桌沒兩樣。至於當時是否有「白飯（백반）」一詞，就不得而知了。

即便到了日帝強佔期，這塊土地上的外食產業仍不發達。因為大部分的人是農民，多半在家裡吃飯，外食的情況極少見。一九五〇年爆發的韓戰將韓民族推入了廢墟，這片廢墟卻反而建構出韓國特有的外食產業，那就是將家裡的食物變成外食。

因為戰爭，失去男人的女人必須走出家庭，外出維持生計。沒有資金和經驗的女人所能做的工作中，最容易上手的就是餐飲生意，做法是將過去在家裡廚房煮的食物，直接搬上飯桌迎接客人，包括飯、湯和幾道小菜。湯和小菜會按照季節及市場狀況做變化，所以在菜單上也不會有特定的餐點名稱。不過再怎麼說總是要取個名字，於是就取名為「白飯」，表示「白色的飯」之意。

在一九八〇年代以前，白飯一直是都市餐館中常點的食物。客人一打開餐館的門，只要喊「這裡，四個人」，就算點完菜了。

因為是家常菜，餐館的女主人待客也像對待自己家人一樣。

大部分的客人都是離鄉背井的勞動者，他們將白飯當成是自己家裡的食物，把餐館煮飯的阿姨當成像是自己的媽媽、奶奶或姨母。白飯如果改用現代的外食語彙表達，大概可以稱為「家常餐」吧。

南道飲食 남도음식 (nam-do-eum-sik)

所謂的「南道」是文化概念的用語，區隔的範圍會隨時代以及所修飾的對象而有不同。以民謠或巫祭等傳統文化樣式來定義「南道」時，它的範圍大致符合過去馬韓（譯註：公元前一百年至三百年間位於古代朝鮮半島西南部（今忠清、全羅兩道）的部落聯盟）一帶區域。馬韓除全羅道外，還包含忠清道及京畿道的部分區域，所以南道的範圍其實很廣。在韓戰後的短暫期間，南道一詞還曾經泛指北韓地區以外的所有地方。

將南道一詞的使用範圍限定在光州廣域市及全羅道地區一帶，是從一九七〇年代開始的。

韓戰後的韓國各地，都經歷了快速的工業化及都市化過程，唯有全羅道依然維持著農業地區的樣貌。未被編入工業化社會的全羅道，被安撫為是相對「保有傳統文化的地區」。大概就是那段時期，全羅道地區的傳統文化逐漸以「南道文化」之名廣為所知，此外也出現了南道民謠、南道聲音、南道巫祭、南道遊戲等用語。

南道食物一詞，在一九八〇年代以後開始使用。由於全羅道地區還保存較完整的傳統文化，當地的食物也被認為是如此，所以人們只要去全羅道吃過一頓飯，就會把它當成是珍貴的文化生活體驗，全羅道的食物也因此被稱為「南道食物」，就像南道民謠、南道巫祭一樣。

所謂南道食物，只是南道文化概念的衍生用語，並非做為表現擺桌及料理方式特色的概念用語。

若是一定要區隔出和其他地區食物的不同，南道食物最大的特色，就是使用了大量的魚蝦醬以及表現突出的調味料。這個特色源自於這裡有來自海邊的豐富食材，還有即使在冬天也依然溫暖的氣候。

宮中飲食 궁중음식（gung-jung-eum-sik）

朝鮮時代王室所吃的食物，被稱為「宮中食物」。朝鮮是儒教國家，朝鮮的王必須擔負儒教主祭者的角色，隨時準備各種祭祀。雖然朝鮮宮中食物的代表應該是指祭祀用的食物，但一般韓國人卻認為，朝鮮王族日常吃的食物才是宮中食物。

朝鮮滅亡後，韓半島由日本統治，朝鮮王室吃的食物突然間成了外食商品。曾經擔任待令熟手（譯註：朝鮮時期宮中的男廚師）的安淳煥開了一家名叫「明月館」的餐館，專賣各種朝鮮王室食物的餐點。當時明月館號稱是朝鮮王室餐飲店，但同時也有賣日本餐點及西式餐點。大韓帝國（譯註：一八九七年～一九一〇年，朝鮮王朝末期高宗稱帝後使用的國號。）時期的朝鮮王室食物有可能已經「國際化」了，也有記錄指出高宗喜歡吃西方食物。明月館的食物被視為全朝鮮藝妓戶的餐飲模範，發展出韓定食的模式。

宮中食物還有另一支脈絡，那就是由黃慧性女士整理朝鮮最後尚宮韓熙順的料理法所傳承下來的食物。由於日帝將朝鮮王室編入日帝王室，所以朝鮮王族在日帝強佔期間未舉行祭祀，祭祀食物因此中斷傳承，僅剩朝鮮王室的日常飲食由韓熙順尚宮在宮中服侍，之後由黃慧性女士記錄起來，成為由大韓民國指定為無形文化財的朝鮮宮中食物。

現在被韓國視為無形文化財的宮中食物，正確來說應該稱為「日帝下的朝鮮王室食物」才對。

日帝下的朝鮮王室食物，有可能被誤以為是朝鮮食物的典型。儘管朝鮮王室曾是朝鮮的實質統治勢力，但以王室的人口來計算，王室的食物並不能當成朝鮮的代表性食物，尤其更不該當成韓國食物的代表。

鄉土飲食 향토음식（hyang-to-eum-sik）

鄉土食物是指利用特定地區所生產的食材，再加上該地區特有的料理方式所製成的食物。所謂的特定地區，可以用慶尚道、全羅道、忠清道等做為大分類，也可以用晉州、全州、清州等市郡單位做為小分類。

「鄉土食物」的概念等於預設了「非鄉土食物」的存在，像是位於國家中心的食物、都市食物等概念，如果以韓國的情況來看，首爾的食物就是鄉土食物的反義詞。「只有」在首爾才吃得到的食物，雖然也可歸類為鄉土食物的一種，但是在韓國的現實社會裡，一般人提到首爾食物時多半是指鄉土食物的反義詞。

韓國的鄉土食物一詞，從一九七〇年代起正式登場。這是都市化及工業化逐步完成、離開故鄉的人口隨之大量增加的時期。離開故鄉的工人，在市中心買了不知來自哪個地區的食物；又或是在都市中選擇了和自己出生地不同的配偶，即使在家裡吃飯，吃的也不是以前的家鄉味。於是透過食物所建立的自我地域認同，從此消失。

到了一九八〇年代，發生一樁與鄉土食物有關的大事件。因光州大屠殺而執政的全斗煥軍事政權，於一九八一年在汝矣島舉辦一場名為「國風」的大型活動，想藉「國風」的風潮吹散自己身上沾染的血腥。國風慶典動員了全國的知名美食到場擺攤。這樣做無非是想將故鄉的食物送到離鄉背井的首爾市民面前，製造宴會的氣氛，讓沈醉其中的人們忘記執政者曾經殺過人。

國風在韓國刮起一陣鄉土食物風潮。像忠武紫菜包飯、全州拌飯、羅州牛骨湯、春川蕎麥涼麵等等，「地名＋食物名」的鄉土食物以國風為起點，在韓國飲食中佔有一席之地。

在都市化與工業化的無情夾擊之下，鄉土食物成為了一種慰藉，加上全斗煥認為這種慰藉可以連「殺人的記憶」也一起抹除，使得鄉土食物得以創造出一番榮景。

進貢品 진상품（jin-sang-pum）

鄉土食物開始受到矚目後，宣傳各地農水產物與加工品做成的知名美食行銷，也熱絡了起來。每個食物都會有一個「故事」，宣稱經過考證後確認食物具有悠久的歷史，朝鮮王室曾經親自品嚐，也就是所謂的「進貢品」。由於進貢品的行銷過於泛濫，目前幾乎各地的名產沒有一個不是進貢品。

朝鮮是個階級社會，社會上的階級分為王室、兩班（譯註：即貴族）、中人、常民、賤民。王室是韓半島最高階級的掠奪者，在此統治了五百年。身為掠奪者的王室，派遣官吏到各地，命他們在收取王室所需的物品後上繳，那些物品就稱為進貢品。王室會將進貢品分賜給這些官吏，做為他們努力搜刮的代價，以維持體制。

進貢一詞，意指百姓親自將物品獻給王。不過實際上並不是百姓自行把物品上繳，而是王室派去的官吏掠奪了百姓收成的作物。輕描淡寫地說是「繳納」，程度嚴重的話，其實稱為「掠奪」會比較貼切。王室至少應該照顧百姓，使百姓免受饑餓與戰爭之苦，以此做為掠奪的代價，但是朝鮮王室並無法做到這一點。

這些因地方特產曾是進貢品而自豪的人們，應該都不是朝鮮王室出身。有些人可能是參與掠奪的朝鮮官吏後代，不過極可能大部分還是遭朝鮮王室掠奪的常民以下階級的後代子孫。

因此，炫耀自己生產的作物曾是進貢品，就形同是在炫耀祖先曾經遭到的掠奪。

這種從進貢品衍生出來的歷史認知矛盾，證明韓國人依然缺乏現代公民意識，而且至今仍未擺脫封建時期的蒙昧無知。

利川米食 이천쌀밥（i-cheon-ssal-bap）

前往京畿道利川的途中，沿路的國道邊可以看見許多利川米食飯館，那是專門供應利川米食的飯館。這些飯館規模相當大，一到週末經常座無虛席。飯館餐桌上擺著一碗現煮的白米飯以及許多小菜，內容是依照韓定食菜單制定出菜。

利川米食飯館之所以大受歡迎，一般人認為是因為利川米本身具有特殊的風味。利川地形多平原，從過去就有許多農田，是稻米的主要產地，首都圈的居民更是經常食用利川米。不過大家之所以相信利川米好吃，並不是來自親身體驗的結果，更不是得自科學的驗證。利川米是進貢米——也就是朝鮮時期曾經進貢給王的米，才是利川米能得到大眾信任的根本原因。

利川米確實曾經在朝鮮時期進貢給王室，不過當時進貢的目的並非因為利川米好吃所以送去給朝鮮王室品嚐。在利川當地的稻米品種中有一種紫彩米，紫彩米是極早生產的糯米品種，即便到了朝鮮時期，利川米仍然是韓半島上最早收成的稻米。朝鮮王室一向把祭祀儀典視為最重要的國家任務，所以當然會將第一批收成的稻米送進宮裡做為祭祀用品。

收取利川的紫彩米進貢給宗廟，這就是利川進貢米的來由。

利川現在沒有種植紫彩米。紫彩米是種起來相當費力的品種，已經在一九七〇年代淘汰掉。利川的稻米品種很多，一般人連主要的品種是什麼都搞不清楚。不過這對韓國人來說並不重要，因為他們坐在利川米食飯館吃飯時，心中想到的是朝鮮王也曾經吃過這些米呢。

10

米 쌀 (ssal)

韓半島的稻米種植可以追溯到史前時代，半島上曾經發掘大約五千年前被火燒過的稻米。由於要克服颱風、乾旱、梅雨等自然災害仍有困難，所以韓半島的米總是不夠吃，到了日帝強佔期，稻米種植引進了現代的農業技術，農地劃分整齊方正，同時開始建造可做為灌溉用的水利設施。當時還針對全國的本土稻米品種建立系統，進行品種改良，使得單位面積的收穫量大為提高。增加的稻米都被日本拿走，韓國人吃的米依然不夠，於是日帝鼓勵韓國人種馬鈴薯和蕃薯做為糧食。

韓民族在五千年的歷史當中，一直要到一九七〇年代才第一次吃到足量的米。

一九七二年普及的統一米，開啟了稻米自給自足的時代。統一米的產量比既有的稻米高出百分之四十，也因此稻米才能在一九八〇年代後開始有剩餘。每人的稻米消費量減少也是稻米過剩的原因之一，很多人開始不吃米飯，改吃麵包、麵條和肉。

一九九二年統一米因為滋味不佳而退出生產，這時候起稻米的產量已經不再是主要考量，重要的是米飯的味道。京畿米、利川米、驪州米等加上產地名稱的稻米，還有像秋晴米一樣從日本來的稻米品種，都大受歡迎。

到了二〇〇〇年中期，稻米生產過剩的問題日益嚴重，稻米消費持續不振，政府也未能採取有效對策。李明博政府時期，南韓又停止對北韓的稻米援助，所以現在韓半島的一大隱憂，就是南韓稻米過剩，而北韓稻米不足的問題。

廚房 부엌 (bu-eok)

韓國一直到一九七〇年代為止，都是由女性負責煮食，身為農耕民族的韓民族大概從很久以前就是如此。女人煮飯的空間過去稱為「부엌（譯註：音bu-eok，韓文固有語的『廚房』）」，那是一個只有女人才可以進去的空間。

跨過廚房的門檻，因為廚房的地板比庭院的地板低，所以這裡設有兩級左右的階梯。向右邊可以看到灶台，往裡面一點會擺著碗櫥。灶台上整齊掛著蒸年糕或煮馬鈴薯、玉米用的大鍋與煮飯時用的小飯鍋，旁邊則是裝有馬格利酒的醋瓶。灶台後方堆著生火用的稻草或木柴，旁邊有水缸，上方是格子窗，菜乾、蒜頭、海鮮等乾貨會用草繩編好繫在窗上。經過碗櫥後會看到狹窄的木樓梯，這是當儲藏間使用的閣樓，米、蕃薯、馬鈴薯、辣椒粉都擺這裡，還有一些祭器也安放堆置在小箱子中。走出廚房門，往後方可以看到

醬缸台，規模大一點的住家，旁邊還會有倉庫和水井。以前到這裡為止都是女人的空間——也就是廚房。

廚房不僅是煮食的地方，它還兼具暖房設施的功能。爐灶生的火可以煮飯，也可以拿來取暖。冬天經常生火，目的是為了要取暖，而不是為了炊事。廚房甚至可以當沐浴湯泡澡。用大鍋子把水加熱後，再倒入大盆子裡清洗身體。

打開大門站在庭院，只能看到廚房門，看不到廚房內部。由於女性的角色比較低調，女性所處的空間也必須隱密。傳統的韓國女人就在廚房裡過著燒火、煮飯、吃飯、洗澡以及偷罵婆婆的日子。

韓國現代家屋中煮飯的地方叫做「주방（譯註：Ju-bang，韓文『廚房』的漢字語）。這裡依然是煮食的空間，不過用詞卻有所改變，這代表在空間裡工作的人、職業的種類等等產生了變化。現代的韓國廚房是開放給全家人，女性在廚房只是暫時停留而已。

秋水長天一色
© 연합뉴스

飯碗 밥그릇（bap-geu-reut）

在韓國人的餐桌上，米飯扮演著中心的角色。飯要裝在碗裡，但是現今韓國人所使用的飯碗，卻缺乏文化系統的脈絡。過去男人使用的碗是碗緣較高的「鉢（발）」，女人使用的是碗緣較低的「盒（합）」。到一九六〇年代初期為止，碗尚能維持自有的文化體系。

到了一九六〇年代中半，韓國餐桌上出現了「공기（譯註：音gong-gi，指空的容器）」一詞，漢字意指「空的飯碗」。這種飯碗是國家推動小碗少食的運動時出現的，於是名為「空器」、來歷不明的飯碗，開始在一般家庭和食堂裡散布開來。韓國人在家裡多半使用陶瓷碗，一般餐廳則使用不鏽鋼碗。

韓國人在家中使用的飯碗樣式，很多是傳自於西方。陶瓷器公司推出的婚禮用品組，是參考西方的碗容器生產的。因為變化很大，陶瓷器公司也表示無法得知那些樣式源自何處。西方人沒有吃米飯的習慣，所以也不排除西方的燉碗可能就是韓國飯碗的原型。

在經過數十年後，如今的韓國人也不知道自己原來的飯碗應該是什麼樣子了。

韓國餐廳使用的不鏽鋼碗，樣子看起來像是參照「盒（합）」的設計，不過感覺卻不若以黃銅製作的盒來的高雅。奇特的是一般韓國家庭並未使用不鏽鋼碗。韓國餐廳事先把飯煮好後裝入不鏽鋼碗裡，但是韓國人並不介意碗裡散發的鐵鏽味。有可能是因為對餐廳的食物不抱任何期待，也有可能是不在意米飯的味道所致。

就這樣，餐廳使用的不鏽鋼碗反而成了韓國食物的象徵，被陳列在仁寺洞等觀光商品店家販售給外國人。

대한민국
KOREA

筷子 젓가락（jeot-ga-rak）

韓國人的筷子是不鏽鋼做的，使用筷子食器的亞洲民族大多使用木筷，相較之下不鏽鋼筷便顯得奇特。朝鮮時期一般人常使用銅筷，這個傳統後來由不鏽鋼筷承繼下去。

有段時間，不鏽鋼筷成為一種文化商品，用來象徵「頭腦好的韓國人」，相當受到注目。這是因為有個傳聞，說偽造論文而在韓國知識界留下污點的黃禹錫博士曾經指出，幹細胞培養技術是以精準的手指動作為基礎，而手指動作的訓練正是因為使用不鏽鋼筷，後來還出現使用不鏽鋼筷能讓頭腦變好的說法。關於不鏽鋼筷的神話急速擴散，甚至有人推出不鏽鋼筷組，當成禮物送給外賓。

韓國人使用不鏽鋼筷，只是為了要吃裝在碗裡的食物，並不是為了要讓孩子變聰明。韓國食物有很多裝在碗裡時，並無法送入口。特別是海鮮料理，一般都是整塊烹煮，所以需要用筷子先分成可吃與不可吃的部位，把肉塊撕除下來後才能放入口裡。有時泡菜也需要用筷子兩端撕開才方便吃。像蒸排骨還是牛肉餅之類的肉類食物，吃以前同樣都需要撕開。

如果是用木筷，這些作業做起來會有困難，所以不鏽鋼筷在韓國飲食中依然具有實用性。

14

湯匙 숟가락

(sut-ga-rak)

韓國飲食文化被指出與日本及中國不同的特徵之一，就是湯匙的使用。其他民族只把湯匙用來移動食物，而非當成把食物送入口裡的食器使用。韓國人利用湯匙將飯和湯送入口裡，湯匙的利用方式也因此成了文化性的區隔標準。

但是如果觀察近來韓國人吃東西的習慣，可以發現湯匙的利用度已經大有改變。用湯匙吃飯的情況逐漸減少，取而代之的是改用筷子舀飯吃。一手舉碗、一手舀飯吃，這個動作在韓國有違禮儀，但是現在人們對此已經不太介意。韓國人吃飯的習慣，與日本或中國愈來愈像。

用筷子吃飯的動作日漸普遍，是因為吃起來方便。如果是先用湯匙舀飯吃，再把湯匙放下改用筷子夾菜，相對會比較不方便。湯匙主要是拿來喝湯，尤其如果是沒有湯的菜色，就算完全不用湯匙，也一樣能把飯吃完。韓國飲食文化中的「湯匙、筷子並用」，在過去常被提及是與日本和中國等亞洲國家的飲食文化差異點，如今這項差異正在消失中。

湯匙使用的減少，或許可以視為韓國食物裡以湯為中心的食物正在減少，不過在外食市場並非如此。豐盛的湯或湯飯等食物，在餐廳依然大受歡迎，這類食物只需要一隻湯匙，就能把飯吃完。

喜歡湯類食物的韓國人還在努力，湯匙不會這麼快就消失。

湯 국（guk）

韓國人的餐桌上一定有湯。一種說法是只吃飯和菜會乾澀難以下嚥，所以要有湯，也有可能是因為要用湯來替代其他民族餐桌上的水或酒。不過如果從餐桌上的搭配和吃飯的方式來看，湯的角色與水或酒並不相同。湯比較近似有湯水的菜，即便只有一碗湯，一樣可以配飯飽食一頓。

湯的好處是可以只用少量食材，就能煮出足量的豐盛食物。在食物缺乏的貧困年代，湯是非常有效率的一樣食材。假設烤一斤牛肉可以供三、四個人吃飽，那麼用半斤牛肉，加上滿滿的白蘿蔔、菜乾、豆芽菜、蕨菜等蔬菜煮成湯，就能夠用有牛肉味的湯料和湯汁，供應二十人滿足地吃一頓。

在經歷過一九七〇年代的急速經濟發展後，湯也開始有了變化。它的形式已經脫離了只是為了吃飯的「有湯的菜」，成為一道單點的特色料理。它

的名稱也同時改掉原有的「국（譯註：音guk，韓文固有語的『湯』）」，想要改稱「탕（譯註：音tang，漢字音的『湯』）」和砂鍋。尤其是後來改稱「탕」的湯類料理，甚至快要超越韓國飲食文化中飯所占有的「一頓飯」地位。以海鮮湯為例，過去湯是搭配飯一起吃的食物，但是海鮮湯的吃法是先喝湯，想吃飯的話，才把飯拌入剩餘的湯汁裡或是拌炒來吃。湯變成主食，飯則是降等為像是副食品，吃或不吃都可以。像鮮辣河豚湯、補身湯（即狗肉湯）、鮟鱇魚湯、鱈魚湯、磨菇火鍋之類的湯料理也是如此。一方面，這可視為湯料理發展成單項料理的過程，另一方面這也是以飯為中心的韓國飲食文化正在改變的證明。

桶裝瓦斯 프로판 가스（peu-ro-pan-ga-seu）

韓國餐廳的餐桌上都有桶裝瓦斯的設施，客人可以用來烤肉和煮湯，所以是由廚房備好未煮熟的食材，然後由客人完成。韓國餐廳的這種服務，是桶裝瓦斯出現以後才開始的，也就是一九七〇年以後的事。當然在之前也有餐廳是用炭火烤肉，不過只有肉類才會用炭火，而且這種餐廳也不多。還有很多餐廳是在大火爐上烤好後，再裝到盤子裡端出來。

客人可以在餐桌上直接料理食物，這是韓國食物的一項特色，有學者用「開放食物」一詞來說明，意指食物的味道不是交給煮食的人決定，而是由吃的人直接參與煮食。反之將世界上的食物用「封閉食物」說明，語中似乎隱含韓國的「開放食物」較世界的「封閉食物」更具文化優勢之意。

真的是因為韓國食物的消費者——韓國人，希望自己能深入參與煮食，所以才在餐桌上擺放爐火嗎？韓國消費者希望進廚房嗎？對於需要餐廳員工提供在爐火上煮烤食物服務的餐廳，又應該用什麼詞彙來說明？韓國學者在缺乏觀察和思考的情況下，玩弄「開放結構」、「封閉結構」之類似是而非的學術用語，實在令人寒心。

餐桌上擺放瓦斯爐火，是餐廳基於經營上的便利而做的選擇。韓國的餐廳大部分都要負擔高額的店租及人事費，如果能將烹煮過程交給客人，這樣就能縮小廚房空間，挪出更大營業空間，同時降低人事成本。僅只是這個理由而已。

三層肉 삼겹살（sam-gyeob-sal）

三層肉是韓國人最喜歡吃的食物之一。三層肉是指豬肉的部位，也可以用來指稱食物。也就是肉和脂肪交錯堆積三層的豬肉部位叫「三層肉」，將該部位用任何方式烤出來的食物也叫「三層肉」。

即使到一九七〇年代初，一般韓國人吃豬肉多半還是用煮的，而不是用烤的。餐館先在大鍋裡將豬肉煮熟，等客人來時再切好端上來。一九七〇年代餐館開始提供桶裝瓦斯，這時候才開始擺上烤盤，直接烤肉。早期烤肉部位並不重要，主要採取鹽味燒烤及調味燒烤的方式。在烤過各部位的豬肉品嚐後，發現脂肪較多的部位最美味，於是便將脂肪部分分開賣，這就是三層肉的起源。

三層肉的味道幾乎都是靠脂肪。韓國人喜歡烤肉時脂肪所散發的香味，以及脂肪在嘴裡咀嚼時的潤滑口感。將三層肉加上生菜及韓式味噌、生大蒜、青辣椒，可以做成生菜包肉，韓國人後來就習慣將一些味道不錯的食物做成包飯吃。

多數韓國人的經濟狀況並不寬裕，無法盡情吃肉。偶爾會有和公司同事、朋友、家人聚餐的情況，吃牛肉太貴，只好選擇較便宜的豬肉。大概是覺得既然要聚餐，即便是豬肉，也應當挑選最好的部位——不是豬頸肉，也不是前腿肉，而是三層肉。所謂三層肉，有時只是冠上名稱，就算實際上用的是豬頸肉和前腿肉，也都當成是三層肉。對韓國人來說，重要的不是三層肉部位，而是三層肉的名稱。透過次上等的肉品，可以確認食用者的中上階層的地位。

豬肉 돼지（dwe-ji）

韓半島上原本有本土豬，但是體型小，繁殖力差，而且不好吃。日帝強佔期將這種本土豬淘汰、改良，並鼓勵飼養與本土豬同樣為黑毛的盤克夏品種豬隻（Berkshire）。現在韓國人所稱的本土豬，大部分都是混有盤克夏血統的雜種豬。

日帝所推動以盤克夏品種為主的豬隻畜產政策，在解放後有所改變，這段時期基於經濟性理由，開始導入白色的約克夏（Yorkshire）與藍瑞斯（Landrace）、棕色的杜洛克（Duroc）等品種。到了一九七〇年代，豬隻飼養開始規模化，其中以白色約克夏為大宗，這是因為約克夏豬的飼料利用率高，瘦肉率也最高。這時豬肉價格下降，但味道並不好。

一九九〇年代全國吹起了一陣黑豬風，由江原道、濟州島、智異山等地區主導「黑豬復活」。雖然只是混有盤克夏種的雜種豬，但是消費者的反應認為這種黑豬肉很好吃。由於黑豬的養殖費用比約克夏豬高，而消費者的經濟能力又難以支付，所以並未大量繁殖。

儘管養的是飼育費較低的白豬，韓國人吃的卻是世界最貴的豬肉。

飼料依賴進口是原因之一，更主要的原因是過於偏重三層肉的消費型態。一頭豬的三層肉產量有限，由於人們只吃三層肉，導致三層肉經常供應不足，價格也一直飈高。相反地其他部位的豬肉卻滯銷，堆積在倉庫裡，於是賣不出去的豬肉價格，只好標上三層肉的價格。不過這種缺乏效率的事，未來看起來還是沒有改善的可能性。似乎每個韓國人都覺得，如果只有自己不吃三層肉，好像就會成為社會邊緣人。韓國人在面對吃的東西時所表現出來的私欲，偶爾更勝於豬隻貪婪的胃口。

19

牛 소 (so)

韓國的牛稱為「한우（han-woo）」，寫成漢字為「韓牛」。這個名稱的歷史由來並不清楚，推測大約是從一九五〇年代開始使用。若將韓牛一詞做更明確的定義，指的應該是「韓半島上的傳統牛隻」，也就是從很久以前就生活在韓半島上的牛隻。

韓牛是工作的牛，一開始並不是飼養做為食用肉牛。韓民族用韓牛墾田及搬運物品，幫人們分擔工作，所以人們也將韓牛當做人一樣對待。正月時會做新衣給韓牛穿，春天農事開始前也會擺桌準備給韓牛的食物。

日帝時發現了韓牛在工作以外的價值，包括韓牛的性格溫馴、飼養方便、肉質美味、牛皮質優等。日帝鼓勵飼養韓牛，在這項畜產政策的推動下，日帝強佔期初期韓牛數量急速增加。不過情況在日本發動太平洋戰爭後有了改變。為了供應軍需肉牛及皮革，許多韓牛被徵召。解放之後的情況並未好轉，捲入韓戰的韓牛，就像畜產基礎一樣散失。直到進入一九六〇年代，韓牛才又再度成為農家的主要收入來源。

韓民族從新石器時代的農耕生活就開始養牛，不過出土遺物中卻看不到牛的遺跡。古代的壁畫可以看到騎馬奔馳的狩獵圖，古代畫作也有騎馬和騎驢的流浪者登場；青銅器時代和鐵器時代的遺物中，同樣只看到大量的馬裝飾具；碗盆等各種遺物上面描繪的動物，有鶴、烏龜、龍、獅子等動物，卻沒有牛。遺物中之所以極少留下與牛有關的痕跡，是因為留下遺物的人都是當時的統治階層。牛是那個時期受統治階層的農民所飼養的家畜，他們駕馭著牛隻種田，但當時的情況卻不允許將這個記錄以畫作等形式保留下來，也沒有什麼東西可以當成陪葬品。牛，就是民眾之牛。

20

烤牛肉 불고기（bul-go-gi）

將牛肉醃上醬料後放在火上烤，這道食物就稱為「烤肉」。烤肉和泡菜是象徵韓國傳統的食物，人們將烤肉視為源自於高句麗「貊炙（譯註：烤豬肉）」的悠久傳統食物，並引以為傲。

韓語中食物的命名原則通常是「食材＋料理方式」，例如：「떡（年糕）＋볶이（炒）」（譯註：辣炒年糕）、「제육（豬肉）＋볶음（炒）」（譯註：辣炒豬肉）、「감자（馬鈴薯）＋튀김（炸）」（譯註：炸薯條）、「김（紫菜）＋말이（捲）」（譯註：紫菜捲）、「김치（泡菜）＋찌개（火鍋）」（譯註：泡菜鍋）、「된장（味噌）＋찌개（火鍋）」（譯註：味噌鍋）、「삼

계（人蔘雞）＋탕（湯）」（譯註：蔘雞湯）、「대구（鱈魚）＋탕（湯）」（譯註：鱈魚湯）、「아구（鮟鱇魚）＋찜（蒸）」（譯註：蒸鮟鱇魚）。「受詞＋動詞」的句型是從阿爾泰語系的語言結構而來的。既然有原則，當然也就存在例外，有的食物是以外觀或味道的特色命名，但是這一類的食物名稱並不多。

韓語的烤肉叫불고기，這個字脫離了韓語的命名法則，由「불（火——料理方式）＋고기（肉——食材）」所組成。韓國食物名稱當中，以「불（火）」字開頭的食物除了「불고기（烤肉）」外，大概還有「불닭（辣味烤雞）」、「불닭발（辣味雞爪）」、「불오징어（辣味魷魚）」。這裡的「불（火）」字代表「紅色」或「辣味」，是做為形容後接語雞肉或魷魚的接頭詞。不過불고기一字並非指稱「紅色的牛肉料理」或「辣的牛肉料理」，所以無法視為是相同的命名方式。

除了烤肉之外，還是有其他以「料理方式＋食材」為命名結構的韓國食物。像是最近新開發命名的「찜닭（蒸雞。찜：蒸；닭：雞）」、中國料

理的「볶음밥（炒飯。볶음：炒；밥：飯）」、來自東南亞的「볶음국수（炒麵。볶음：炒；국수：麵）」，還有「비빔밥（拌飯。비빔：拌；밥：飯）」、「비빔국수（拌麵비빔：拌；국수：麵）」、「군밤（糖炒栗子。군：烤；밤：栗子）」、「군옥수수（烤玉米。군：烤；옥수수：玉米）」、군고구마（烤番薯。군：烤；고구마：蕃薯）」等等。不過這種以「料理方式＋食材」命名的韓國食物是極少數，只能視為前面所提到的例外情況。

불고기（烤肉）一詞的出現，大約是在一九三〇年代的日帝強佔時期。

在日本也有和韓國烤肉料理方式及名稱結構類似的食物，那就是やきにく——燒肉，也就是「燒（불）＋肉（고기）」。韓文불고기一字，可說是燒肉的固有韓語。日帝強佔期曾發起朝鮮語運動的元老韓國語學者——故金允經先生在一九六五年接受專訪時，說過以下這一段話。「雖然剛開始聽起來很生疏，但是能成功將『べんとう（弁当）』的說法改成『도시락（便

當）』、『どんぶり（丼）』的說法改成『덮밥（蓋飯）』、『やきにく（焼き肉）』的說法改成『불고기（烤肉）』，這是多麼好的範例啊！」

21

貊炙 맥적（maek-jeok）

關於韓國烤肉的歷史，有一說是源自於高句麗時代的貊炙，被提出做為依據的是崔南善的《故事通》。以下是崔南善在《故事通》中對貊炙所做的描述。

「中國晉代的《搜神記》中有一段記載，警告說：『羌煮，貊炙，翟之食也。自太始以來，中國尚之。貴人富室，必畜其器。吉享嘉賓，皆以為先。戎、翟侵中國之前兆也。』貊炙有大貊和小貊，漢代喜歡吃陌炙，以陌炙為主食的擺盤稱為貊盤。羌是指西北方的游牧民族，貊則是指東北的扶餘人和高句麗人，也就是說『羌煮』是蒙古的肉食料理，而貊炙則是韓國在北方過狩獵生活時開發出來的一種烤肉。」

《搜神記》是中國東晉（四世紀左右）史學家干寶所編纂，它不是史書，而是神奇怪異小說集。以朝鮮書來看，大概就相當於《古今笑叢》。崔南善所讀到的《搜神記》原文如下。

胡床，貊槃，翟之器也；羌煮，貊炙，翟之食也。自太始以來，中國尚之。貴人富室，必畜其器。吉享嘉賓，皆以為先。戎、翟侵中國之前兆也。

胡床、貊盤，是翟族的用具；羌煮、貊炙，是翟族的食品。從晉武帝太始年間以來，中原地區都流行這些東西。貴族富人之家，必定儲藏這些用具，喜慶筵席招待貴賓，都先擺設出來。這是西戎、北翟侵犯中原地區的先兆。

——《搜神記》，中國延邊人民出版社，二〇〇七年摘錄

《搜神記》提到貊炙是翟族的食物，而非貊族。至於翟族是否為韓民族，就不得而知了。

雪下覓 설하멱（seol-ha-myeok）

朝鮮時代的文獻中出現過烤牛肉一名叫「雪下覓」或「雪下覓炙」的食物。料理方式和現在的烤肉相似，被認為是烤肉的原型。在《山林經濟》中稱做「雪下覓炙」，在《增補山林經濟》、《閨閤叢書》、《林園十六志》中的記錄則為「雪下覓」。尹淑子教授依照《閨閤叢書》中出現的內容等，將雪下覓的料理方式加以整理，重點摘錄如下。

將牛肉切片，敲軟後用竹簽串好，先沾油鹽醬調味，待油鹽醬充分入味後置於炭火上烘烤，將正在烤的肉塊快速浸水後取出再烤，重複浸水三次後，抹完油再烤。

不是直接烤熟就好了，為什麼中間還要反覆浸水後再烤？這應該是一種讓表面不致於焦黑的烘烤方式。只要想想朝鮮時期的狀況，就能容易理解為什麼會採取這種料理方式。當時如果要取出瘦牛肉，並無法像現在一樣把肉切成薄片。那時候沒有冷凍設施，常溫下的牛肉比較軟嫩，而鐵鑄刀也不夠鋒利，所以牛肉只能切塊，肉塊要在炭火上烤到熟透，光是敲打還不夠，只能浸水再烤。

雪下覓這種烤肉方式在中國及中亞廣為流傳。把肉塊用大竹籤串好後放在炭火上烤的料理，稱為「俄羅斯烤肉（Shashlik）」。在烤俄羅斯烤肉時，他們會用噴霧器重複噴水，好讓肉塊能夠烤到熟透，外表又不致於燒焦。在噴霧器還沒發明的時代，推測應該就會像韓國的雪下覓一樣沾水烤。

如此看來，俄羅斯烤肉的原文 Shashlik 和雪下覓（譯註：설하멱，發音 Seolhamyeok）發音聽起來是否有幾分相似？或許雪下覓就是借發音寫成的漢字名稱。

烤牛排 쇠갈비구이 (swe-gal-bi-gu-i)

對韓國人來說，牛排一度是用來展示身份地位的食物。要坐在花園餐廳裡大啃牛排，才會有已經擠入中產階級以上地位的感覺。在花園餐廳，安裝巨大玻璃窗的餐廳建物前有庭園，庭園裡有噴水池，服務生也會像飯店員工一樣穿上制服，不過這裡卻可以容許烤肉吃喝時的韓國式吵雜。花園餐廳雖然沒什麼氣質，但卻能巧妙地滿足韓國暴發戶的虛榮心，所以生意興隆。

烤牛排的歷史是源自於京畿道的水原，水原從很早以前就是一座有錢的都城。朝鮮時期住在首爾的貴族很貧窮，即使當上一官半職，王室給的薪俸也沒有太高。不管是以前還是現在，真正有錢的都是商人。當時的水原有大型市集，聚集許多商人，所以比較富有，聽說吃的食物也比首爾好。解放後水原有一名商人開了烤牛排館，名字叫華春屋。在這家餐館開幕後，水原又陸續新開了幾家烤牛排館。這也代表水原確實過著較首爾更為寬裕的生活。

一九七〇年代首爾的江南刮起了一股開發的風潮，此地開始出現以房地產致富為首的江南暴發戶。有人瞄準了這些富人的口袋，在江南開起了牛排館，這就是花園餐廳的起源。水原的廚師被帶到這裡，但是水原牛排來到江南後味道卻改變了。以前的水原牛排是用鹽巴調味，這是最能品嚐肉質味道的料理方式。

首爾的暴發戶不懂肉的滋味，嫌鹽巴調味太淡，所以首爾的牛排會先以較甜的調味醬油醃過。首爾牛排就此誕生。

到了一九九〇年代，吃牛排的風氣蔓延到牛里肌。因為大家發現，比牛排肉質柔軟的里肌肉，吃起來更為美味。

烤牛里脊 소등심구이（so-deung-sim-gu-i）

烤牛里脊的登場與雪花牛肉的歷史有關，因為沒有夾雜脂肪的里脊部位，要以生牛肉狀態咀嚼時較為生硬，味道也較差，所以一直要到雪花里脊出現後，烤牛里脊店的生意才開始轉為興隆。

對於牛肉品質的評價，要看牛里脊部位有多少脂肪、紋理有多細密，是從一九八〇年代後半開始的。

有脂肪交錯的牛肉稱做「霜降牛肉」、「雪花牛肉」，一般人會覺得雪花牛肉好吃是受到日本影響。日本人偏好軟質的食物，所以對牛肉的選擇也追求柔軟，自然對於布滿雪花的牛肉評價也最高。這在具有長久牛肉食用歷史的歐洲人眼中看來，便會對這種偏好感到不可思議。

韓國的食育專家幾乎都去日本唸過書，看到日本人喜好雪花牛肉，就有樣學樣。他們回到韓國，也宣揚說雪花牛肉是最好吃的牛肉。到了一九九二年，以油花程度為基準的屠體等級終於實施，牛肉被分為1級或1++等不同等級。

布滿油脂的里脊肉並不適合直接炭烤，這時候開始出現了鑄鐵烤盤。為了增添牛肉香氣，烤盤會塗上一層牛油，中間設計為凹槽，讓烤牛里脊像是放入牛油裡炸過一樣。所以被認為好吃的其實不是牛肉，而是牛油。

韓國人還沒有真正認識到牛肉的滋味。只是為了從吃牛肉當中享受自己的社會階級向上攀升一級的快感，口中嚼的也只是牛油塊罷了。

牛肉餅 떡갈비（ddeok-gal-bi）

這是一道先剁下牛小排的肉剁碎，調味後把排骨放置中間，裹上一層厚實的碎肉後烤熟的食物。由於牛小排部位的肉較少，有時會加些豬肉，豬肉的油脂能使得牛肉餅的口感變得柔軟。

牛肉餅的韓文名字會取做떡갈비，有一說是因為在敲打剁過的肉碎時，很像是在敲打年糕（떡）；另一說是牛肉餅完成的樣子，很像시루떡（蒸糕）端上祭祀桌的模樣，所以取名떡갈비。當然也有可能是因為吃起來有像年糕一樣的嚼勁，所以叫做떡갈비。不管是哪一種說法，在肉食加上「떡（年糕）」一字，就會給人一種故鄉或農村食物的感覺。或許是這個原因，地方小城鎮到處都能看到牛肉餅店的名字。雖然對於牛肉餅的起源地眾說紛紜，不過很難將它視為特定地方的食物。如果把視角放寬來看，牛肉餅和牛排漢堡的做法很相似，可說是同一系列的食物，所以也有可能起源地算是德國的

食物。

到了二〇〇〇年代末，牛肉餅突然擴展成為全國性的食物。不僅在肉類料理的餐館菜單上常出現，就連各種食品賣場及電視購物等也能買得到牛肉餅，甚至在傳統市場的小規模連鎖攤商，牛肉餅也都大受歡迎。還有店家為了推銷牛肉餅，而宣稱牛肉餅是宮中食物。

牛肉餅會受到歡迎，是韓國人的偏食習慣所造成的另類現象。

一般韓國人認為牛里脊肉和五花豬肉最好吃，這些部位之外的肉都很少吃，銷售量也極差。餐館或肉商都相當煩惱，不知這些賣不出去的肉該怎麼處理。能夠處理這些肉的去處之一，就是做成牛肉餅。只要將牛排肉與其他非偏好部位的肉一起剁碎，做成牛肉餅販售即可。雖然有時會散發豬肉腥味，但總比丟棄的好。

年糕 떡（ddeok）

這米飯出現以前就已經有年糕了，這與料理器具的演變有關。煮飯需要使用鐵鍋，但是三國時代以前鐵器都被拿去做武器，所以主食吃的是以蒸籠製作的年糕。此外，別忘了還要考量碾米技術的發展。將稻米碾成細糠的技術，並不容易一次到位。有很長一段時間，都是將粗糠加工、磨粉後做成年糕吃。三國時代的遺物中有許多蒸籠，這一點值得注意。

在中央集權國家型態完成之前，韓民族長期過著以部落為單位的生活。部落的結合是以血緣為基礎，部落共同的財產比私有財產還多。部落很難做到全員共同炊事與進食，但至少被認知為是相同譜系的人們會一起煮飯。回想一下一九六〇年代為止韓國農村各地的氏族村落，當時至少每八個村就會像家人一般生活。古時候的範圍比八個村還大。

此時可以想像一下共同搭伙的韓民族先祖。蒸籠器具不常見到，用火管理又特別困難，所以部族內的幾個「大家族」必須結合共同解決一餐飯，這種景象應該不難想像。韓民族的先祖們會把穀物粉蒸熟做成年糕，然後大家圍坐著一起吃。這也是年糕被視為共同體食物的原因。

韓國在中秋節或農曆年等節日，都會做年糕，或者至少買年糕來吃。可以讓大家重溫久遠以前共同體的鄉愁。韓民族的悠久共同體精神，就蘊藏在年糕裡。

年糕湯 떡국（ddeok-guk）

從年糕做為主食的時期，就有年糕湯了。年糕涼了以後容易變硬，如果適度地乾燥，就可以保存很久。年糕變硬後難以入口，當時又沒有微波爐可以加熱，所以要使年糕再度變軟的最簡單方法，就是放在水裡加熱。而且加水進去，分量看起來會比較多。將年糕先做好保存起來，然後再像煮湯一樣放入水裡加熱，這就是年糕湯，因此年糕湯也是把年糕當主食的年代所常見的食物。

農曆年的祭祀，是一種迎接新年及向神明祖先獻上供品的儀式，這也是一年當中最重要的祭祀。獻給神明祖先的供品，通常會準備祖先以前常吃的食物，總覺得這樣祖先才會喜歡吃。有一部分儒學者的家中會將未熟的食物擺上供桌，理由可說是相同的，因為沒有熟的東西，也應當被視為是比用火還更早以前的祖先們所傳下來的食物。所以從很久遠以前，年糕湯就長期做為韓民族祖先的主食，即使經歷了食材改變，以及因碾米技術與料理器具進步而改以米飯做為主食後，至今年糕湯仍是緬懷祖先，或保存共同體儀式——尤其是最盛大的新年祭儀中，佔有一席之地的必備食物。

日本和中國在農曆年也有年糕湯。日本吃的年糕湯是將麻糬放入味噌湯或鰹魚湯裡煮成的「お雑煮」；中國吃的是將糯米做成的元宵放入湯裡煮成的「湯圓」。

東亞的年糕湯同樣都是平常不吃，但是新年時一定會吃。

日本的お雑煮和中國的湯圓由來，應該也和韓民族的年糕湯沒什麼不同。

雉雞 꿩（ggwong）

聽說以前會用雉雞肉來煮年糕湯，大概是因為冬天獵雉雞比較容易，所以使用雉雞肉。如果把打獵抓到的雉雞放在雪堆裡保存，一整年都有雉雞肉可用。過年期間的冰雪還未完全融解，貯藏的雉雞肉應該還很足夠。

韓國有句俗語「以雞代雉（譯註：原文為『꿩 대신 닭』，衍生指『退而求其次』）」，意思是說煮年糕湯時以雞肉取代昂貴的雉雞肉，不過情況並不盡然如此。在養雞業發達穩定之前，過年期間的雞肉還是相當昂貴，雞要到春天才會孵蛋養小雞，所以冬天時農家只會留下幾隻可以產蛋的母雞和一隻公雞，也就是說冬天其實沒有雞肉可以吃。反過來雉雞肉是煮冷麵高湯的食材，在冬天時常吃，所以「以雞代雉」這句話應該與年糕湯無關，比較可能是指因樹木茂盛而不容易抓到雉雞的時節——也就是與非冬令時節所吃

的食物有關。也有可能這句俗語與食物完全無關，只不過因為養雞業興盛後，雞肉比較常吃，所以在語意上產生了變化。

「以雞代雉」的俗語會給人一種雉雞肉比雞肉美味的聯想。

有美食家會跑大老遠去吃雉雞肉，不過雉雞肉其實沒有那麼好吃。如果將雉雞胸切薄做成生肉片吃，或者是稍微汆燙來吃，味道還可以，如果是完全煮熟就會有肉騷味。冷麵裡有時會加雉雞肉丸，雖然是冷湯，但還是馬上就會聞到腥膻味。

愈是野生動物，腥味就愈重。韓國人大部分都吃豢養的家畜，幾近野生的雉雞肉反而吃不習慣。如今「以雞代雉」這句話，可說是一句不符現實無用的俗語。

冷麵 냉면
(naeng-myeon)

在沾有碎冰的水蘿蔔泡菜上加入高湯，這一道吃到牙齒打顫的食物，就是昔日的冷麵。

啊，這令人思念喜悅的東西是什麼？

這灰白柔軟、平凡清淡的東西是什麼？

在冬夜精神為之一振，因此喜歡上這醃水蘿蔔泡菜湯，喜歡上辣口辣椒粉，喜歡上新鮮山雞肉，還有，喜歡上彌漫菸草味、食醋味、用白切肉熬出高湯味，葦席已被溫到燙熱的炕頭，這個東西是什麼？

珍惜這安靜的村莊和村裡正直的人們，因此而感到熟悉的東西是什麼？

這極為高雅又素樸的東西，是什麼呢？

（댕추가루：辣椒粉；탄수：食醋；아르굳：炕頭）

這是節錄自白石（譯註：白石（一九一二年～一九九五年），本名白夔行，是北韓著名詩人。出生於平安北道定州市。其作品在南韓一直被禁止出版。直至一九八七年才被介紹到南韓。）詩作《麵》當中的一段內容。白石那個年代的「麵（譯註：韓文原文『국수』）」，就是現在韓國稱為「冷麵（譯註：韓文原文『냉면』）」的食物，正確一點的說法應該是稱為「平壤冷麵」。在平壤，至今仍然稱做「麵」，而非稱做「冷麵」。

白石的詩裡所描寫的季節是冬天，而冬天原本就是吃冷麵的季節。當時沒有冰箱，夏天也吃不到冰涼的食物，這一道在沾有碎冰的水蘿蔔泡菜上加入高湯，吃到牙齒打顫的冬季食物，就是冷麵。

隨著時代的改變，如今韓國人的習慣是在盛夏時吃冷麵。入夏之後，電視和報紙便不約而同出現冷麵店的場景，冷麵慢慢被定位成夏天的食物。位於首爾乙支路的許多冷麵店，在冬天時生意冷清，到了夏天店門口卻大排長龍。夏天如果沒有踏進冷麵店半步，感覺就像發生什麼嚴重的事一樣懊惱。其實夏天的冷麵談不上高雅素樸，就只是吃起來涼爽罷了。冷麵應該要在飄著白雪的冬季景致裡品嚐，才能感受到它的美味。

日式蕎麥麵 소바（soba）

在韓國用蕎麥做的麵條，大致可以分為平壤冷麵、蕎麥涼麵、日式蕎麥麵三種。這些麵條的主材料都是蕎麥，但是製麵的方法和味道的重點卻不同。平壤冷麵和蕎麥涼麵都是將蕎麥麵團放入壓麵機壓製出麵條，日式蕎麥麵則是像刀削麵一樣，將麵團壓寬後用刀子削。平壤冷麵重視的是高湯與麵的諧調，蕎麥涼麵的重點在於麵條與拌醬的諧調，日式蕎麥麵的關鍵則在於蕎麥麵醬汁（譯註：韓文쓰유，即日文的『つゆ』）對蕎麥本身有多少醍味效果。

韓國的日式蕎麥麵是韓國式的蕎麥麵，它已經改良為韓式的吃法，尤其是醬汁，已經和原本甜味清淡、偏鹹的日本醬汁有明顯差異，這是因為日本人與韓國人的蕎麥麵吃法不同所致。在日本吃蕎麥麵時，一開始只會將麵條尾端稍微浸一下醬汁來吃，等醬汁味道因為麵條的水分滴入而逐漸變淡時，再將蕎麥麵整個泡入醬汁裡吃；相反地韓國人是一開始就將蕎麥麵泡入醬汁裡吃，也因此醬汁會依照韓國人的飲食習慣把鹹味調淡，相對比較偏重甜味。

雖然沒有必要完全依照日式的吃法，但是將日式蕎麥麵改成韓式吃法後，也錯過了一項品嚐蕎麥麵特殊風味的機會，那就是無法將浸泡過蕎麥麵的醬汁好好利用。煮過蕎麥麵的水如果加入一些醬汁，喝起來別有一番風味。在平壤冷麵店也會把煮過蕎麥麵的水端出來，這時只要舀入一些調味醬，就會變得很好喝。

平壤冷麵和日式蕎麥麵的味道，就好像近親表兄妹一樣，但韓國人卻以為這兩種食物天差地遠。平壤冷麵店如果沒有座位，大家就會去咸興冷麵店，而不是去日式蕎麥麵店。其實相較於平壤冷麵與日式蕎麥麵之間的交情，咸興冷麵應該算是連一面之緣都稱不上的陌生人呢。

咸興冷麵 함흥냉면 (ham-heung-naeng-myeon)

最早的咸興冷麵是以馬鈴薯澱粉做成麵條，加入辣椒粉調味攪拌過後，再舀入明太魚醬一起吃。近來常見以蕃薯澱粉做成的麵條，而且除了明太魚醬之外，也會加入涼拌斑鰩和涼拌明太魚乾一起吃。即使有了這些變化，一樣還是稱做咸興冷麵，不過也有人說：「咸興以前並沒有這樣的冷麵」。這種說法認為最早是在首爾的平壤冷麵店生意好轉之後，才開始將馬鈴薯澱粉做的麵條拌入辣醬，並把它取名為咸興冷麵。馬鈴薯的栽種歷史不算很久，所以「咸興冷麵起源自首爾」一說，也是相當有道理的。

使用剪刀剪碗裡的麵條，是從咸興冷麵才開始有的事。用馬鈴薯或蕃薯澱粉做的麵條相當硬，牙齒不容易咬斷，所以剪刀就派上了用場。

感受一下麵條的咬勁，也是美食家的工作，不用剪刀剪的話，等一下就會看到狼狽不堪的模樣。

咸興冷麵一定要用剪刀，如果能事先在廚房剪到適合入口的程度，這個問題就可以解決，為什麼要搞到這麼複雜呢？

冷麵店生意的旺季主要是夏天，如果不趁這時好好地大賺一筆，冬天就會撐不下去。冷麵出餐的速度必須夠快，才能提高翻桌率，所以夏天的冷麵店就好像戰場一樣。這麼說來，店員也不可能再增加人數，因為只要開始刮起冷風，客人就會消失無蹤。所以店家不會在廚房處理這些生硬的麵條，而是由客人自己動手剪，以減輕廚房的工作。

咸興冷麵的口味，和一般拌麵沒什麼太大的不同，因為兩者的醬料非常相近。唯一可以稱得上不同的，是咸興冷麵的麵條較硬，不過韓國人卻對有咬勁的麵條感到滿足。無論是哪種麵條，大家總是誤以為咬勁夠才叫好吃，所以咬勁生硬的麵條，就被認為是上品。至於麵條到底是馬鈴薯做的，還是蕃薯做的，大家就不在意了。

蕎麥涼麵 막국수（mak-guk-su）

雖然在蕎麥涼麵前面，多半會加上春川（譯註：江原道春川市）、蓬坪（譯註：江原道平昌郡蓬坪面）等地名，不過它卻是韓半島許多地方常吃的食物。與同為蕎麥麵做成的平壤冷麵相比，兩者可說是姊妹食物。尤其在江原道海岸邊的幾家蕎麥涼麵店，蕎麥涼麵的味道和平壤冷麵可說非常相近。

蕎麥涼麵和平壤冷麵的製麵方式完全一樣，都是由百分之六十～八十的蕎麥粉與麵粉混合做成。還有將麵團放入壓麵機，按壓後再取出的方式也相同。但是蕎麥涼麵與平壤冷麵的麵條顏色卻不一樣，蕎麥涼麵是黑色的，平壤涼麵則是灰白色。

蕎麥涼麵之所以是黑色，原因在於加入了蕎麥殼。至於平壤冷麵，則幾乎沒有加入蕎麥殼。在麵條裡加入磨好的外殼，並不會增添特別的風味，反而會降低口感，增加揉麵的困難度。既然如此，那為什麼要加入蕎麥殼？原因純粹就是為了增色。

加工業者和餐廳說加入蕎麥殼是為了消費者。因為消費者都以為蕎麥涼麵的顏色愈深，代表蕎麥的含量愈多。聽說還曾經因為揉出白色的麵條，而被消費者抗議說不是純蕎麥麵。耐人尋味的是加工業者或餐廳的立場，並沒有打算要改變消費者的認知。畢竟加入蕎麥殼的製造成本比較低，消費者的錯誤認知說不定反而是好事。

狀況演變至此，食品製造廠商就更高興了。只要加一點蕎麥粉，將顏色調深，就可以賣所謂的蕎麥麵。有的會放入炒過的大麥，有的甚至還會加入色素。由於韓國人喜歡有嚼勁的口感，所以即使在像冬粉一樣的麵條裡加入色素，當成蕎麥麵來賣，一樣受到大家歡迎，不會有什麼不滿。所以一旦認知上有錯誤的話，之後就不容易改過來了。

辣炒雞排 닭갈비

(dak-gal-bi)

食物名稱雖然叫辣炒雞排，但食材並不是只能用雞胸部位，雞的所有部位都可以拿來做辣炒雞排。此外它的醬料使用和烹調方式，也與牛肋排和豬肋排不同。辣炒雞排的做法是用辣醬和蔬菜調成糊後，在平底鍋裡拌炒，正確的稱法應該是醬炒雞肉蔬菜才對。

辣炒雞排的發源地是江原道的春川，不過在江原道一帶的許多地方都可以發現類似的食物，所以起源地的說法不一定正確，只不過是春川的辣炒雞排比較有名而已。推測辣炒雞排最早的型態，可能是在生鐵鍋裡加入雞肉和蔬菜一起拌炒，一種被稱為「辣燉雞（닭토리탕）」的食物。生鐵鍋中間帶有凹處，可以多裝一些湯，肉吃完後還可以炒飯或炒麵，料理方式比起現在使用的平烤盤更有效率。江原地區至今還有一些辣炒雞排店使用這種生鐵鍋。

在外食產業大舉擴張的一九九〇年代，辣炒雞排是最受歡迎的人氣餐點，全國的繁華鬧區都有辣炒雞排店進駐。店裡有烤肉的氣氛，而且可以喝酒，最後剩下的醬料可以拿來炒飯，順便解決一餐飯，可說是平民晚餐的最佳選擇。雖然是進駐到鬧區一級商圈裡的辣炒雞排店，但是裡面做為擺設的桌子卻帶有立飲酒吧（站著喝酒）的氣氛，相當特別。店裡沒用使用煤炭火，但卻用大油桶當桌子；不提供煙灰缸，但是允許客人將菸屁股丟在地上弄熄。店家明確地營造了一種平民酒店的形象。

辣炒雞排被稱為「牛肋排的仿冒品」，消費者自己也清楚，店裡為吃不起牛肋排的平民營造一種把辣炒雞排當牛排吃的氣氛，這種情況反而強化平民式的氛圍，讓客人更喜歡。不過辣炒雞排在一九九〇年代後半開始急遽沒落。有人說人氣已經轉移到蒸雞，但應該說轉移到同為肋排的進口牛肋排會更貼切。以「肋排肉（갈빗살）」名義販售的進口牛肉，其實就是牛肋排肉。

蒸雞 찜닭（jjim-dak）

蒸雞在一九九〇年代中期像彗星一樣竄起。這是一道用各部位的雞肉，加上甜而微辣的醬料所燉煮的食物。同樣是雞肉專賣店，辣炒雞排店呈現的是平民式的裝修風格，蒸雞店卻呈現一股洗練的都會風格，有的蒸雞店甚至採取當時流行的禪風設計。這種變化代表著外食產業的核心消費者已經改變。辣炒雞排被視為上班族的食物，蒸雞則是屬於大學生的食物，這個階段，可說是累積一定財富的中上階級第二代走入外食市場的時間點。

蒸雞的味道簡單，鹹中帶有甜辣味。因為是使用大塊生雞肉，而且要在來不及醃醬料的短時間內做好，所以帶有些清湯的味道。當時國內的外食連鎖業者還不了解食物製作的訣竅，也不清楚跨國炸雞店的雞肉有採用鹽漬或浸漬。

雖然蒸雞不夠入味，但在初期的市場擴張上並沒有太大的阻礙。蒸雞的主要消費群是年輕人，這一點和辣炒雞排不同。年輕人的口味還不固定，即使是簡單的味道也能入口。

但在經過兩、三年之後，年輕人的口味也開始察覺到蒸雞的滋味不足，於是蒸雞店就在一夕間沒落。

但是在安東的蒸雞店生意依然很好。蒸雞風興起時，在安東一窩蜂投入蒸雞店連鎖事業的那些小店也都還在。蒸雞是一個案例，記錄下地方鄉土飲食跨足連鎖事業後所可能發生的一切狀況。

35

雞 닭（dak）

韓半島從很久以前就有雞，現在也還有人宣傳保有本土雞隻品種，只不過無法證實到底是不是真的本土雞。因為日帝強佔期曾以外來種進行過品種改良，韓戰後美國也基於援助立場，大量供應農家飼養用雞。由於雞的世代短，過的又是群居生活，在這種情況下如果還能保有本土雞品種，簡直是近乎奇蹟的一件事。

韓國人吃的雞種來源，幾乎都是自美國與英國進口。食用的雞叫肉雞，這種雞孵化後要長大到可以食用的程度，大約需要花三十天。外來種的雞隻都是按照育種國的人喜好所改良的，這些國家多半是拿來做烤雞或炸雞吃。

這也意味著現在韓國廚房的雞主要是做為烘烤用或油炸用。

如果拿這些雞來做蔘雞湯或清蒸雞、蒸雞、雞粥等韓式料理，就煮不出應有的風味。

市面上的土雞只能視為「類似本土雞的雞」。這種雞做成韓式料理，多少都能煮出韓式料理的味道。這些品種包括青里雞（청리닭）、高麗雞（고려닭）、園協3號（音譯；원협3호）、韓國味雞（우리맛닭）等等，尤其韓國味雞是國立種畜院（譯註：韓國國立畜產科學院的前身）歷經十五年研究，品種達到穩定的雞隻，其最大的特色就在於這是能符合韓國人口味的雞。

有時人們也會吃產蛋用的蛋雞，只不過肉質比較老，如果是用煮的，大致還能符合韓國人的口味。這種雞名叫「雄雛（웅추）」，是養到約五十多日的外來種蛋雞公雞。

韓國人只要到鄉下玩，看到養在院子裡的雞，就會認為是本土雞，還會覺得很稀有而抓來吃。即使是養在深山鄉下院子裡的雞，其實也都是外來種。全球化早已深入到層層山巒中的每個角落。

36

蔘雞湯
삼계탕
(sam-gye-tang)

光從食物名稱來看，會感覺像是雞肉加滿人蔘所煮成的湯，但其實裡面還加了糯米、紅棗、蒜頭、甘草、桂皮等各種副食材，人蔘只是各種副食材之一而已。在食物名字上強調人蔘，有可能是因為人蔘比較貴，也可能是因為這樣可以做為象徵韓國的健康食品。這道食物在一九六〇～一九七〇年代間被稱為「雞蔘湯」，不過在一九九〇年之後就改稱為「蔘雞湯」。因為人蔘比雞肉價格昂貴，把人蔘兩字擺在前面，會給人一種比較好吃和比較健康的感覺，所以餐館主人及消費者就選擇使用蔘雞湯這個名字。

蔘雞湯是夏季伏日的食物，每到伏日，蔘雞湯店門前就大排長龍，不過蔘雞湯成為伏日飲食的歷史並不長。本來韓國人伏日是吃狗肉湯，在溪谷邊抓到狗後放入大鍋裡煮，聽說可以滋補夏日疲累的身體。李承晚政府時期以狗肉湯不衛生為由，禁止販售。

餐廳為了躲避政府的取締，不再使用개장국（狗醬湯）、구장（狗醬：漢字音）、개장（狗醬：固有語音）等名，而把招牌改叫보신탕（補身湯）。狗肉店只是改招牌，依然躲避不了取締，於是開始隱身到巷弄裡去。李承晚

之後的政權對於狗肉店也維持相同的立場，因為狗肉湯只能偷偷賣，所以需要有替代性的伏日食物，蔘雞湯因此而登場。這是一九七〇年代的事。

成為夏季伏日食物的蔘雞湯之所以流行，是因為有廉價的雞肉供應。

蔘雞湯用的是體型較小的肉雞，做法是在砂鍋裡裝入一整隻雞，做成一人份販售。由於食用的是孵化約二十多天大的雞，幾乎還是雛雞的程度。為了減少吃雛雞的罪惡感，後來就改用幼雞（영계）一詞，幼雞原本是指到三個月大的雞。

炸雞 프라이드치킨（peu-ra-i-deu-chi-kin）

韓國人以前吃雞肉是用煮的，不曾用烘烤或油炸，到了一九六〇年代才開始有店家賣烤全雞，做法是將整隻雞採用油炸或是以電氣烘烤。烤全雞在冬天特別受歡迎，人們的耶誕夜食物都會準備烤全雞和蛋糕。到了一九七〇年代，烤全雞開始與生啤酒結合，打入市中心的一些餐館。大學街開始出現生啤酒店，每個市場也聚集出一條炸雞店巷，都是這個時期的事。

一九八〇年代初期美式炸雞由肯德基做為前導，進入韓國市場。美式炸雞是將一隻雞切成六塊，裹上麵衣後放入壓力鍋油炸。這種美式炸雞很快成為韓國外食產業的主角。對幾乎吃不起牛肋排的平民家庭來說，美式炸雞是一種可以帶來「晉身中產階級」慰藉的外食。

二〇一〇年大型賣場樂天超市推出「大全雞」，價格不到炸雞市價的三分之一，這也引發了炸雞業賺取暴利的話題。以肉類食物來說，炸雞原本就比牛肉和豬肉便宜，所以消費者對更便宜的「大全雞」趨之若鶩。我們因而目睹，炸雞被視為平民美食的那段漫長歲月，瞬間變成了「謊言與暴利的日子」。所謂平民美食，不只在於食物的價格，它同時還需要確認，食物價格是否為平民所可以支付的能力範圍之內。

美式炸雞後來衍生出調味全雞、蒜頭全雞、蔥味全雞、炸雞丁等各種韓式變形炸雞。或許因為這樣，韓國炸雞業者在國外開設店鋪，也被宣傳成韓食全球化的事例。以後店門口會不會看到，戴紗帽、穿韓式傳統大掛的舉人取代肯德基的鬍子老爺爺呢？

雞蛋 달걀（dal-gyal）

韓國人所吃的動物性蛋白質中，最便宜的就是雞蛋，因為雞的下蛋量原本相當高。不過在一九七〇年代以前，蛋雞還未大量飼養，所以當時的雞蛋非常珍貴。農家將家中僅有的幾隻雞所下的蛋，拿去市場賣，消費者也必須下很大的決心，才捨得買一籃雞蛋回家。

產蛋的蛋種雞是從國外進口，韓國進口的大部分是褐色蛋雞，市場也只賣褐色的雞蛋。蛋雞大致分為白色蛋雞和褐色蛋雞，韓國人卻偏好褐色蛋雞，這是一九九〇年代當時，雞蛋業者把褐色雞蛋宣傳為本土雞蛋所導致的現象。白色蛋雞的飼料利用率高，有較強的抗病力，具有多項優點，可是卻因為錯誤的資訊，使韓國人做了不具效率的消費選擇。像日本市場就只賣白色雞蛋。

養雞業者偏好褐色蛋雞還有另一個理由。由於產蛋率較低的蛋雞要當肉雞販售，褐色蛋雞因為有褐色羽毛，可以當成土雞賣。蛋雞的肉質比肉雞來得硬韌些，即使當成土雞賣，消費者也分辨不出來。養雞業者們可說是利用褐色蛋雞「蛋、肉兩吃」。

白色雞蛋在一年一度的復活節前夕，消費量會急速增加。因為復活節要在蛋殼上畫圖，白色雞蛋最適合拿來畫彩蛋。有部分養雞業者會配合復合節的特殊性而養白色蛋雞，不過因為消費期間過短，所以養的人也愈來愈少了。

韓國人對於本土食物相當執著，不過大部分的執著都不是以正確的資訊為基礎，所以就發生像這樣不具效率及不合理的消費現象。

© 김성수

品牌雞蛋 브랜드달걀（beu-raen-deu-dal-gyal）

韓國人買雞蛋時很注重品牌。雞蛋品牌的焦點通常集中在雞吃了什麼飼料，像是甲殼素雞蛋、人蔘雞蛋、Omega-3 雞蛋等等。媒體已經報導多次說明，餵特定成分的飼料給雞隻，雞蛋裡的特定成分不一定會增加。即便如此，消費者依然有著這樣的「誤解」。在二〇〇〇年代之後，特定的流通業者開始偏好品牌雞蛋，於是在大型食品賣場裡上架的雞蛋品牌高達數十種，讓消費者在選擇時面臨極大的困難。

目前幾乎沒有農民直接從家中拿去市場賣的雞蛋。在生產者與消費者中間，存在一個具有控制系統的組織，可以負責清洗、選別、包裝、流通等工作。控制系統規模最大的就是韓國養雞合作社。全國各地生產的雞蛋都會先集中在養雞合作社，然後分送到全國消費者手上。合作社處理的雞蛋品牌達到數十種，這些雞蛋品牌都不是由合作社自行創立，而是配合大型流通業者要求而創立。品牌名稱會依照消費趨勢而決定，像是消費趨勢強調衛生的話，就取名叫「清淨雞蛋」；如果想強調健康，就創立「營養雞蛋」品牌。

畜產品當中只有雞蛋陷入品牌大戰，或許因為它是屬於平民的食物吧。

韓國雖然號稱經濟大國，但是貧富差距相當大，牛肉和豬肉之類的高價動物性蛋白質無法平均分配。平民最容易取得的蛋白質是雞蛋，即便只是雞蛋，也要把營養有所選擇的期待投射在品牌上。

水煮蛋 삶은계란（sa-meun-gye-ran）

韓國人對於水煮蛋有種共同的依戀情感。去郊遊或是出遠門時，背包裡一定都會放顆水煮蛋。火車車廂內的弘益會（譯註：韓國鐵道流通公司前身）餐車上面也有水煮蛋。水煮蛋是韓國人的出遊食物，長期受到韓國人的喜愛。

在養雞產業興起前，所有雞蛋都是來自家裡的庭院。因為種母雞下的蛋很珍貴，所以家中只有男性長輩可以吃。就算還有剩餘，也不會分給小孩子吃，因為要把雞蛋一顆顆收起來，等市集日拿去市場賣。小孩子想吃到珍貴的雞蛋，大概只有出遊的時候。

出遊時背包裡會有便當盒，還會有一包餅乾、汽水和幾顆水煮蛋。

等孩子長大外出工作賺錢或唸書時，家中也會為孩子準備水煮蛋，裝水煮蛋的袋子裡，往往還有一封媽媽用歪斜的字跡所寫的信。

到了一九九〇年代，水煮蛋的位置移動到汗蒸幕（譯註：韓國式三溫暖）。不只水煮蛋，這裡連烤蛋都有。汗蒸幕雖然是洗澡和做蒸氣浴的地方，但若是仔細觀察那裡的消費型態，會發現儼然就像家族出遊的場所。假日能看到全家人帶著各種食物去的場所，就是汗蒸幕。一整個星期各自在職場或學校奔走的家人，來這裡享受「汗蒸幕之遊」時，都會選擇以水煮蛋當做食物，這與幼年時期的郊遊記憶有關。過去媽媽所傳遞給家人的愛，如今也在汗蒸幕傳給了自己的孩子。

到了二〇〇〇年末，汗蒸幕文化開始消退，吃水煮蛋的情況也愈來愈少。繼汗蒸幕之後，並沒有哪一個地方可以接續做為家族出遊的空間，或許是因為今日的核心家族，又再分裂成每一個個人了吧。

核桃餅

호도과자

(ho-do-gwa-ja)

在韓國的高速公路休息站一定能看到核桃餅。塞車時常見的零食流動小販，手上也一定會捧著核桃餅。核桃餅可說是韓國代表性的路邊糕餅。

一般說法認為核桃餅是源自於日帝強佔時期天安的「鶴華核桃餅」。和核桃餅相似的還有烤餅、菊花餅、鯽魚餅，這些都是從日帝強佔期開始製作的糕餅。與其說是製作，嚴格來說應該算是源自於日本。

通常將穀物磨粉後，用蒸的就是年糕，用烤的就成為麵包。東方與西方的主食分別是米和小麥，所以就有東方吃年糕、西方吃麵包的結果。米適合做成年糕，小麥則適合做成麵包。在日本主要是吃年糕，日本尤其喜歡在年糕裡加入紅豆，一般人所稱的「麻糬（もち）」就是紅豆糯米糕。日本在接受西方的麵包同時，也融入日本的年糕傳統，開發出新的食物，那就是在麵包裡加入紅豆的「紅豆麵包」。紅豆麵包和核桃餅一樣，都是可以在不使用炭火的情況下烘烤製作。

日帝興建了連結首爾和南部地區的京釜線和湖南線鐵道。從首爾到大田只有單條路線，從大田才開始分岔為京釜線及湖南線。京釜線和湖南線的火車都會在天安站停車，所以在來往首爾和南部地方時所經過的車站當中，天安站是最多旅客聚集的車站。剛好天安站前有製作核桃餅的店家，流動攤販就拿著核桃餅，去停靠在天安站的列車上販售給客人。聽說從韓國解放後，就已經有這些核桃餅流動攤販的存在。

一九七〇年京釜高速道路開通，核桃餅開始在韓國的路邊糕餅中佔有一席之地。

高速道路有休息站進駐之後，那裡也賣起了核桃餅。核桃餅可以說是用道路做出來的食物。

甜燒餅 호떡（ho-ddeok）

一八八二年壬午軍亂時，華商隨著清朝軍隊一起來到韓半島。華商不管在哪個國家，都能將餐飲業經營得有聲有色，在韓半島也不例外。想賣高級餐飲的會經營中式餐館，想賣平價小吃的會開家小店鋪，而甜燒餅就是屬於平價小吃的一種。

近來甜燒餅多半被當成點心小吃，不過一直到日本佔領時期，它都還是被當成正餐的食物。一九二〇年的報紙報導有提到，京城（譯註：日治時期首爾舊名）裡有一百家雪濃湯店，但是甜燒餅店卻有一百五十家。報導還感慨甜燒餅店家數增加，雪濃湯店的家數卻在減少。言下之意是感慨華商將賣甜燒餅賺的錢送到中國，而朝鮮的經濟卻日漸困難。

甜燒餅原本是指用炭鍋烘烤的麵包，做法是放在燒柴或燒炭的鐵鍋上烤。麵團會揉得比較厚實，餡料是黑砂糖，燒餅大小為足夠當一餐吃的程度。吃甜燒餅時還會配上中國的普洱茶。

在經歷過日本對中國侵略及韓戰後，韓半島上的許多華商都跑到了國外。加上法令規定華商不得在韓國境內擁有不動產，更加促使華商決定離開。曾經風光過的甜燒餅店開始一蹶不振。

雖然華商大幅減少，但華商經營的中國餐館仍是不少。不過這些中國餐館並沒有賣甜燒餅，因為廚房裡的爐火設備已經改變。想用炭鍋烤燒餅，必須要靠燒柴或燒煤，但是自一九七〇年以後，燃料都改成無煙煤。以無煙煤烤出來的燒餅會發出一股硫磺味，讓燒餅難以入口，於是炭鍋燒餅在韓半島就此消失，取而代之的是煎鍋燒餅，這是華商不再經營炭鍋燒餅後，由韓國人改良做出來的燒餅。在煎鍋上加油煎成的甜燒餅，讓已經習慣綠豆煎餅和油煎食物味道的韓國人產生錯覺，誤以為甜燒餅原本就是韓國本土的食物。

豆沙包 찐빵（jjin-bbang）

將麵粉揉成麵團，然後加入內餡蒸熟，這是韓國、中國、日本共通的食物。只不過在韓國是以蕎麥取代小麥。雖然傳說這種食物起源於中國，其實應該是在同一個時期互相影響，後來發展成各民族的食物。麵粉團加入內餡後蒸熟，這種食物在韓國稱為「만두（譯註：『包子』或『水餃』）」，在中國稱為「包子」，在日本則稱為「餃子」。

從豆沙包的製作方法和外型來看，可以算是「만두」的一種。依照泡菜水餃、肉餃等的命名方式，豆沙包的韓文名字——찐빵（蒸的麵包）也應該改稱為팥만두（紅豆包）或맡소만두（豆餡包）才對。在中國，把有紅豆餡的包子稱為「豆包子」，在日本則為「餡饅（あんまん）」。餡，是指用紅豆或大豆做的食物填料，也就是「填充食物」；饅就是饅頭。在韓國，賣豆沙包一定也會賣水餃，這代表韓國人在不知不覺間，已經把豆沙包當成是與餃子同系列的食物。

既然如此，為什麼韓國人不把「찐빵（蒸的麵包）」稱為「팥만두（紅豆包）」或「맡소만두（豆餡包）」呢？

食物的名稱，有時會反映出食用者想從食物中獲得滿足的需求。也就是說食物名稱不一定會依照食材和料理方法命名，而是依照食用者的需求命名。

豆沙包是用麵粉團加入紅豆餡蒸熟製作而成，所以應該算是年糕，而不是麵包。

麵包在一九七〇年代以前是昂貴的食物，韓戰後麵粉被當做救援物資，雖然供應充裕，但韓國廚房裡的料理器具貧乏，所以還是無法做麵包吃。麵包店只有稍具規模的都市才有，而且麵包價格相當高，是「有錢人家的孩子」才吃得起的高級食物。「平民孩子」只要能吃到豆沙包，就感到非常滿足。有人發現豆沙包的模樣和麵包類似，於是就將豆沙包的韓文稱為「蒸的麵包（찐빵）」。所以對麵包的強烈需求，已經像豆沙包的紅豆內餡一樣，深深嵌入在「蒸的麵包」一詞當中了。

水餃 만두（man-du）

韓民族從很久以前就開始吃水餃。外皮用小麥或蕎麥製作，然後加入用肉和豆腐、各種蔬菜切碎做成的內餡。尤其在北部地方，水餃還是春節新年的食物。

朝鮮時期的水餃一般稱為「霜花（쌍화）」，有時也稱為「饅骰（만두）」。「만두（譯註：『饅頭』的漢字音，中文指『包子』或『水餃』）」一詞要到朝鮮後期才開始使用，聽說是朝鮮在經歷清朝引起的胡亂時，把來自中國的食物「霜花」改名為與意指蠻族首級的「蠻頭」諧音的「饅頭」，表示要像嚼食般地享用敵人的首級。

所以在吃水餃時必須上下顎用力合緊，像要把水餃咬破一樣，才能吃出水餃的好滋味。

通常和水餃詞源有關的故事，都會從諸葛亮的祭祀食物中去找，所以能說明韓國所流傳的故事，也是件好事。

在朝鮮的料理書《閨閤叢書》裡描述，水餃皮用的是加酒發酵膨脹的麵團，用這種麵團所做的水餃皮口感柔嫩鬆軟。在二〇〇〇年以前，市面上賣的水餃很多就像《閨閤叢書》書中描述的一樣，水餃皮口感柔嫩鬆軟。不過近來的水餃皮卻變得像紙張一般薄，而且為了達到極致的薄度，有的還加入大量的澱粉，幾乎快要吃不出水餃的原味。而這樣做的理由竟然是以為水餃皮必須擀薄才好吃的錯誤認知。

仔細探究水餃皮擀薄的原因，其實是水餃業者貪圖方便的結果。市面上的水餃店是向工廠訂購水餃皮和內餡，水餃皮做好會冷凍起來長時間保存。由此看來，要供應發酵過的現做鬆軟水餃皮根本是不可能的事。

醃蘿蔔 단무지（dan-mu-ji）

단무지（韓式醃蘿蔔）是源自於日本的「沢庵（日式醃蘿蔔）」。這是漬物的一種，做法是將白蘿蔔浸漬在鹽和糖水中，然後再用加入色素的黃色水上色。在日本會先將白蘿蔔晾乾再醃漬，在韓國則是直接使用生蘿蔔，這是最大的不同。也因此日式醃蘿蔔吃起來口感略硬，韓式醃蘿蔔吃起來口感較脆。

醃蘿蔔是韓國日常飲食中常見的配菜。麵食店一定都會端出一盤醃蘿蔔，中式餐館的醃蘿蔔也是必備品，還有紫菜包飯中也有醃蘿蔔。從醃蘿蔔的普遍程度來看，幾乎很難把它想成是源自於日本的食物。二〇一〇年夏天曾經因為白菜供應波動，導致泡菜不足而發生「泡菜危機」，如果是白蘿蔔波動導致醃蘿蔔供應不足的話，外食業者恐怕也會發生相同的危機。

日式醃蘿蔔在日本也是經常上桌的小菜。吃飯時最讓人感到爽口的小菜，莫過於醃蘿蔔了。醃蘿蔔在日本飲食中的重要性，應該與韓國飲食中的泡菜差不多。很難想像韓國餐桌少了泡菜的樣子，同樣地日本餐桌也很難想像，萬一沒有醃蘿蔔會是什麼樣子。

韓國人對於日本人將泡菜改成日式做法，名字也改為「キムチ（KIM MU CHI）」一事，感到不滿。在訂定泡菜的世界食品規格上，韓國人認為名稱應該標記為「김치（正確來說是KIM-CHI）」，而非「キムチ（KIM-MU-CHI）」，並把這件事當成是維持韓國的國格一樣。

不過換成「沢庵」來看，日本人眼中的韓國「단무지」，其實就跟韓國人看日本人把김치改名為「キムチ」、把泡菜做法改成日式泡菜一樣。

韓國人改變了日本食物的名稱及做法，但在碰到日本人改變韓國食物的名稱及做法時，卻又搬出民族自尊。其實不管是韓國餐桌上的醃蘿蔔叫단무지、不叫「沢庵」，抑或是日本餐桌上的泡菜叫「キムチ」、而不叫「김치」，這在文化傳播與受容力的層面來看，都是很自然的現象，並非不倫理的事。

泡菜 김치（gim-chi）

韓國人對泡菜的態度已經超越了喜愛，達到執著的程度，彷彿韓國人的民族認同就在於泡菜。以往從未聽過，像這樣對某種食物表現出強烈民族執著的例子。

韓國人對泡菜所產生的民族自信，已經有很長一段歷史。一九二八年一本名叫《別乾坤》的雜誌中有以下這段文字。

日本人吃過我們國家的泡菜後，甚至都不想回國了，這點就不必多說。西方人也只是淺嚐味道就為之瘋狂，我吃西洋食物都還未曾如此，相較之下，不管是世界哪一國的食物，我們國家的泡菜應該都絲毫不遜色，而且如果要問我的話，我會回答是「世界第一」。

不過在實際的生活裡，泡菜並不是能讓人感到自豪的對象，因為它是用最低廉的價格所準備的菜餚。在以前，如果便當盒裡除了泡菜什麼都沒有，

人們多半還會覺得丟臉。

韓國在一九八〇年代面臨經濟的高速成長，民生問題獲得紓解，食物供應也較為充裕。此時海外旅行變得更自由，來韓國旅遊的外國人也逐漸增多。以一九八八年在首爾舉辦的奧運為契機，韓國人產生強烈的自信，認為韓國文化足以成為世界文化的核心之一。這個時期泡菜廣告開始在電視上播放，電視出現外國人津津有味、吃著泡菜的畫面。一九九四年有所謂的「泡菜宗主國宣言」，宣言的意義是希望在日本正流行泡菜之際，向外宣告泡菜是韓國的食物。宣言裡提到「泡菜是我們的文化，我們的靈魂」。二〇〇一年泡菜列入國際食品規格，這件事被宣傳為是「김치（KIM-CHI）戰勝キムチ（KIM-MU-CHI）」。

對於泡菜的民族自信，有很多其實是來自政治人物基於政治目的的操作，不過韓國人對此並不覺得反感。有部分是因為心中的民族自卑感作祟，希望至少有泡菜能夠受到世界注目。

辣椒 고추（go-chu）

辣椒約在壬辰倭亂（一五九二～一五九八年）期間進入韓半島，也就是說歐洲人開始帶著美洲大陸的辣椒傳播，經過一百年後才來到韓半島。辣椒普遍使用在全世界的餐桌上，但是韓國人吃得特別多，幾乎每道食物都會用到辣椒。

根據韓國學中央研究院周永河（Joo Young-ha）教授的說法，認為辣椒大量使用於韓國食物是為了要取代鹽。他認為韓國人的主食是米飯，為了多吃飯，必需要有鹽，但是鹽比較貴，只好加入辣椒煮成辣味食物來配飯。如果觀察鹹菜（짠지）演變至泡菜（김지）的過程，周永河教授的推論看起來頗為適切。

推論起來應該是辣椒具有防腐效果，在鹹菜加入辣椒粉做成泡菜的過程中，鹽的使用量會大幅減少。加上朝鮮時期的鹽是專賣品，在交通不發達的

地區難以取得鹽，所以離海較遠的農村便努力栽培辣椒，想以辣椒來取代鹽。

不過周永河教授的見解卻難以解釋，為何在鹽充分供應的今日，韓國人飲食習慣上的辣椒消費量卻依然增加。日帝強佔期製作了天日鹽，鹽已經比以前便宜，加上交通及商業發達，鹽在任何地方都可以輕易取得。即使後來鹽的生產及供應情況有所改善，韓國人的辣椒消費量卻依然持續增加。以兩千年末的乾辣椒為基準，韓國人每年每人消費了四公斤的辣椒，達到世界最高的水準。

也就是說我們可以推論，朝鮮時期因為鹽缺乏，導致辣椒攝取過量，幾乎到了辣椒素中毒的程度，這種情況至今仍然持續中。但是還有另一種推論，認為在韓戰後急速的都市化過程中，住在都市的韓國人只能取得低價食材，為了要掩蓋這些食材的味道，便使用大量的辣椒粉將食材料理成美味的食物。因為只要有辣椒粉、糖、鹽這三樣調味，就可以做出可口美味的食物。

48

鹽 소금（so-geum）

很久以前韓半島的鹽是取自大海。在泥灘或沙灘取得海水，乾燥後濃縮成為鹽，做法是收集淤泥或沙堆，倒出海水後做成鹽水，再用火煮成鹽。這種鹽稱為「煎熬鹽」或「煮鹽」。煮鹽需要燃料，所以有很多樹的海邊就成了煎熬鹽的主要產地。

日帝強佔期傳入了天日鹽的製作方法，製鹽產業面臨很大的變化。天日鹽不需要燃料，價格比煎熬鹽便宜，加上全國各地開始舖設鐵道，天日鹽很快就佔有全國的鹽市場。當時的天日鹽是利用土盤鹽田製作，沾上泥沙會略帶苦味。

在一九六〇年代以前，煎熬鹽都被稱做傳統鹽，視為是鹽中上品；天日鹽則被稱做「倭鹽」，被當成次等品處理。

二〇一〇年天日鹽在韓國開始風行。有人主張說天日鹽比現有工廠生產的精製鹽含有更多礦物質，味道更天然，適合用於食物調味。天日鹽田集中在全羅南道的新安郡，基於讓地方經濟活化的政治考量，韓國的天日鹽被包裝成宛如世界最好的鹽。不僅如此，人們甚至有種錯覺，以為天日鹽是數千年前就存在於韓半島的傳統鹽。其實才不過五十年前，天日鹽還被視為「味道不好的倭鹽」，如今竟然被當成是世界名品的韓國傳統鹽。

日帝強佔期之後的天日鹽製作方法，除了鹽田加鋪地磚或塑膠之外，工法上並沒有任何不同，所以味道其實和當時「味道不好的倭鹽」一樣，即便如此還是被硬冠上世界名品的稱呼。韓國的天日鹽的確含有豐富的礦物質，但是大量的礦物質——特別是氯化鎂會帶來苦味，最後會影響食物味道，這點卻隱瞞不提。在韓國常會以食物為由展開各種政治活動，天日鹽是其中具代表性的事例。

49

魚蝦醬 젓갈

(jeot-gal)

魚蝦醬是韓國人餐桌上歷史最悠久的配菜之一。韓半島的舊石器時代遺址大多分布在海邊，就是因為海邊食物較多的緣故。尤其從貝塚可以看出，當時的人有食用大量的蛤蜊和牡蠣。蛤蜊和牡蠣只要有適當的鹽分，就可以發酵出香醇的美味。韓國人的祖先有可能就是一邊吃著各種穀物，一邊吃著將蛤蜊和牡蠣用海水淋過、使其發酵成魚蝦醬的配菜。

《三國史記》裡有記載，西元六八三年神文王迎娶王妃時，所準備的聘禮中有「醢（해）」，這裡的「醢」可以解釋為魚蝦醬。此外在慶州雁鴨池出土的統一新羅時代的木簡上，也出現「醢」字，同時出土的還有甕缸，說不定這就是盛裝魚蝦醬用的甕缸。

朝鮮時代辣椒開始登場，魚蝦醬也有了新的任務，就是和辣椒一同幫忙將鹹菜變身為泡菜。蔬菜鹽漬後成為鹹菜，鹹菜和魚蝦醬一樣都是韓半島上歷史悠久的配菜。由於蔬菜做成的鹹菜含有水分，加到魚蝦醬裡會使魚蝦的蛋白質成分容易腐壞，所以早期的鹹菜不能與魚蝦醬加在一起。但是有了辣椒之後，情況就不同了，因為辣椒裡的辣椒素可以防止魚蝦醬的蛋白質腐壞。

泡菜和世界各地鹹菜的關鍵性差異，就在於鹽漬蔬菜裡加入動物性的魚蝦醬使其發酵產生乳酸菌。

因此對韓民族來說，沒有魚蝦醬就不可能有泡菜。

鹹的食物對健康不好的說法廣為流傳，韓國人餐桌上的魚蝦醬也逐漸消失中。要讓魚蝦醬本身帶有適度發酵的味道，魚蝦醬一定要鹹。如果沒有低鹽的新魚蝦醬出現，魚蝦醬在韓國餐桌上的比重就會漸漸減少。

米漬魚醬 식해（si-kae）

米漬魚醬（譯註：식해，漢字「食醢」）是加入穀物的魚蝦醬，魚類以比目魚、明太魚、角仔魚為主，穀物則是將粳小米、米、大麥煮熟後放入。此外還會加麥芽，用途是要使穀物糖化後散發甜味。米漬魚醬和魚蝦醬一樣都是歷史悠久的食物。米漬魚醬有加辣椒粉，這點應該與一八〇〇年代辣椒傳入韓半島有關。

已故食品學者李盛雨教授認為甜米釀（식혜）、魚蝦醬、壽司與米漬魚醬都是同一系列的食物。他的論點所依據的是米漬魚醬中如果不放魚，就會變成甜米釀；如果不放穀物和麥芽，就是魚蝦醬。而日本壽司古時候的型態，是在穀物裡加入魚和鹽使之入味，因此可視為與韓國的米漬魚醬屬於同一系列。也有人主張用大麥、麥芽、白蘿蔔、辣椒粉做成的安東食醢（譯註：안동식해，類似米漬魚醬，但沒有放魚），其實更接近甜米釀飲料，所以應該改名叫安東甜米釀（안동식혜）才對。

米漬魚醬是東海岸常吃的食物。發酵過程時間短，做為主要食材的魚類四季都有，所以對住在這個地區的居民來說，米漬魚醬是必備的配菜。尤其束草的米漬魚醬特別有名，最近還有傳聞，說這裡的米漬魚醬是從住在青湖洞阿爸村（아바이마을）裡的咸鏡道人（譯註：咸鏡道位於北韓境內，韓戰期間有咸鏡道人來此避難而定居）所傳出來的。咸鏡道雖然常吃米漬魚醬，但是束草從很久以前就有這道菜了。米漬魚醬在東海岸一帶很普遍，往南一直到浦項、釜山為止，都算是屬於米漬魚醬的文化圈。

兩千年後就看不到米漬明太魚醬，因為東海岸已經抓不到明太魚了。比目魚還很多，所以常看到比目魚醬。比目魚醬只使用比目魚，因為比目魚的骨頭比較軟。

蝦醬 새우젓（sae-u-jeot）

韓半島以黃海沿岸為中心的中南部地方，從很久以前就會在各種食物中加入蝦醬調味。除了泡菜以外，湯和火鍋、豆芽等都會加入蝦醬。首爾的蝦醬用得很多，因為江華的前海就可以捕到許多蝦醬的原料——毛蝦。江華的毛蝦會用船運到麻浦，供應給首爾的居民。

首爾人把蝦醬稱做「糠蝦醬（곤쟁이젓）」。糠蝦和毛蝦不同，近來糠蝦數量銳減，但是以前都會聚集在岸邊，任何人隨手就能抓到。所以首爾地區說的糠蝦醬，有可能是真的糠蝦醬，而不是現在的毛蝦醬。不過把醃熟的蝦醬一律都叫糠蝦醬，這也不全然是正確的。

以前的蝦醬，都是在船上直接拌鹽後裝入甕缸裡。毛蝦的捕撈旺季是夏天，這個季節的食物容易腐壞，所以捕撈後必須盡快處理。也因此以前在蝦醬船進出的港口附近還有燒甕的窯爐。裝入甕缸裡的蝦醬整缸交給商人後，商人會將蝦醬裝成一缸缸販售，一般家庭買回蝦醬也是會裝入醬缸裡。

韓戰後醬缸的傳統已經逐漸消失。鐵製的油桶取代了醬缸，它的優點是在船上搬運起來比甕缸輕巧，而且不容易打破。油桶有沒有裝過石油或是裝過化工藥品，這點不得而知。油桶的社會問題被提出來後，桶子材質就改為塑膠，不過塑膠製品還是有環境荷爾蒙等問題。

雖然是韓國的代表性發酵食品，但是從發酵過程來看，可能有很多東西是無法入口的。

蝦醬的鹽含量約為百分之三十，味道相當鹹。人們稱夏天的蝦醬為「魚蝦醬（젓갈）」，用秋天捕撈的毛蝦所做的稱為「秋蝦醬（추젓）」。聽說秋蝦醬味道不如「六月醬（육젓）」和「早季蝦醬（오젓）」，不過它

卻可能是更好的蝦醬，因為秋蝦醬的鹽含量只有百分之十左右。由於是在涼爽的秋季捕撈，鹽即使少放一點也不致於腐敗。

鯷魚醬 멸치젓（myeol-chi-jeot）

由於南海與東南沿海的鯷魚漁獲量較大，所以慶尚道和南部全羅道地區都會醃製大量的鯷魚醬。鯷魚加入鹽後，經過兩年發酵，就會溶解出魚露。鯷魚露可以當醬汁使用，除了可以直接用生醬汁外，也可以倒入鍋子裡煮過再用。鯷魚醬也是做泡菜用的魚蝦醬之一。

過去沿海村莊的大豆比較稀有，所以都用鯷魚露來取代醬油調味。當時借用醬油一詞，把這種醬汁稱為「젓장」，也就是漢字的「魚醬」。鯷魚油脂多，發酵的氣味有時令人聞起來不舒服，不過發酵適度的醬汁比醬油好，因為鯷魚肉在溶解後會散發出濃郁的香醇氣味。

魚露是中國南方及泰國、越南等東南亞民族的共同醬料。

將小魚放入木桶或甕缸，撒鹽後放置一段時間，再把滴下來的澄淨醬汁收集使用。泰國的魚露（Nam Pla）與越南的魚露（nước mắm），都成為超越東南亞的全球性調味料。和韓國的鯷魚醬汁相比，泰國與越南的魚露色澤更為澄澈，味道也更清爽。或許是因為泰國與越南的海邊位置比韓國更靠南方，做為魚露原料的魚油脂含量比較少的緣故吧。

在義大利有吃油漬鯷魚，名叫「Anchovy」，與韓國鯷魚醬最大的差別是義大利油漬鯷魚只挑出鯷魚肉使用，加上它是用橄欖油醃漬而成。因為兩項差異，使得鯷魚醬與油漬鯷魚的風味截然不同。韓國的鯷魚醬會將內臟與頭部一起放入，所以做出來的醬汁比較濃濁，味道也比較苦。韓國的鯷魚醬也有熟成過度的問題，鯷魚醬汁桶夏天長時間曝曬在陽光下，難免會有異味產生。

鯷魚乾 마른멸치 (ma-reun-myeol-chi)

除了鯷魚之外，沙丁魚（정어리）和稜鯷（곤어리）也稱做鯷魚。因為都是在相近的季節、相同的漁場捕撈，用途也差不多。鯷魚一直到朝鮮時代為止漁獲量都不算高，加上體積小以及容易腐壞，用途也不廣。多半會當作生食料理，或是醃製成鯷魚醬。

鯷魚是在日本強佔期間成為韓半島沿岸的主要魚群資源。在東海大量捕獲的鯷魚把油瀝乾後，會做成飼料，大部分都運往日本。鯷魚乾的做法則是先煮熟後再乾燥，同樣也是在此時從日本傳入。因為需要先煮過，所以在韓國稱為「煮鯷魚乾」。日本從很久以前就會用煮過或燻製後的海鮮乾料熬湯。日本在明治時代以前禁肉，只能用海鮮做食材，所以熬湯用的海鮮製作技術發達。至於當時的韓半島，都是用牛肉、豬肉、雉雞、雞肉等食材熬湯。

韓國食物開始普遍使用鯷魚乾煮湯，是一九七〇年以後的事。因為深受日本的影響，鯷魚乾比較容易取得的南部地方，很早就開始煮鯷魚湯，中部地區則是對鯷魚乾湯的味道還無法接受。畢竟要熟悉鯷魚乾的腥味，還需要相當長的時間。

目前用來製作鯷魚乾的鯷魚，捕撈技術大致分為「機船圍網（기선권현망，anchovy boat seine）」及「定置網（정치망，set net）」兩種。機船圍網的捕撈方式是由兩艘船在海裡繞行，發現鯷魚群就撒網從兩邊拉曳；定置網是放置固定的漁網，捕撈隨洋流游入漁網的鯷魚。一九八〇年代末出現一種用「竹防簾」捕撈，號稱最高級的鯷魚。竹防簾是「竹子做的漁網」，雖然釘了竹子上去，但還是屬於定置網的一種。從捕撈過程和鯷魚乾狀態來看，「竹子定置網」或「漁網定置網」所捕撈的鯷魚都差不多。不過市場行銷偶爾卻會突兀地加上「傳統」兩字做宣傳。

54

青鱗魚 디포리（di-po-ri）

青鱗魚在二〇〇〇年後成為鯷魚乾的替代品，而且大受歡迎。鯷魚久煮會有苦味，青鱗魚湯煮再久還是很清爽。腥味比鯷魚重一些，只要加些昆布就可以去腥。

韓文的青鱗魚俗稱디포리（di-po-li，青鱗仔），標準語稱밴댕이（baen-daen-i，青鱗魚），不過很多韓國人都以為밴댕이是其他魚類，也就是誤會成반지（ban-ji，黃鯽）。江華島與群山等黃海岸地區常吃的生魚片和魚蝦醬，就是黃鯽。這種混淆的情況嚴重，連媒體都將青鱗仔稱為黃鯽，然後又把黃鯽稱為青鱗魚，消費者也誤以為這些名字有三、四種魚類。以下是這些魚類的正確分類。

반지（ban-ji，黃鯽）

鯡形目鯷科的魚。在黃海沿岸很多地方的當地語言都把黃鯽稱做「밴

댕이」。黃海岸一帶捕撈季節是春夏之間，主要做生魚片及魚蝦醬食用，不需乾燥。身體為銀色。

밴댕이（baen-daen-i，青鱗魚）

鯡形目鯡科的魚。以俗名디포리（di-po-li，青鱗仔）廣為人知，主要在南海岸一帶秋季捕撈。乾燥後用於熬湯，不做生魚片及魚蝦醬食用。通常為銀色，背部藍色，所以衍生出「디포리（譯註：韓文有『背部藍色』之意）」的地方語言。

南海一帶的青鱗魚比鯷魚還多。有時甚至漁獲量過多，無法在鯷魚加工廠處理做為食用，最後只能轉為飼料使用。因此碰到鯷魚價格上漲時，會以青鱗魚當做替代品，用在一般的食材裡。但是青鱗魚大受歡迎後，販售價格就變得和鯷魚一樣。以同樣價格來看，因為青鱗魚沒有像鯷魚一樣入味，所以只能算是比較次等的食材。不過食物只要一成為流行，價格就會開始飆漲，與它原本的價值無關。

55

韓國喜麵 잔치국수（jan-chi-guk-su）

通常在韓國提到麵條，都是指白色的乾麵條。這種麵條的名字原本叫「실국수（sil-guk-su，細麵）」，不過這是陌生的詞彙，字典上雖然有，但韓國人不太使用這個詞。這種麵條有另一個名字叫「소면（so-myeon，素麵）」，是從日本傳入的說法。韓國在解放後，就把漢字音的素麵改稱純韓文的「실국수（sil-guk-su，細麵）」。

細麵是日本麵條，將麵粉團拉成細長的條狀後乾燥而成。日本的傳統細麵製作方法相當繁瑣，要從一個麵粉團慢慢拉出單根麵條。做法是先將麵粉團推入一個圓凹槽裡，使麵粉團變成細長形，然後再推入一個更狹窄的凹槽，不斷重複進行，最後把麵條纏繞在兩根棍子上，藉由拉扯棍子使麵條變得細長。為了使麵條不致在過程中被扯斷，至少要兩、三個小時為單位讓麵條發酵。從麵團到麵條完成，總共需要花費九個小時，可說是所有製麵技術中，最需要精巧手藝的麵條。不過普通的細麵是用機器拉的。將麵粉團壓成長條麵片後，再放到機器裡製成麵條，然後掛在棍子上晾乾。日帝強佔期這種機器細麵工廠遍布韓半島各地，細麵就在不知不覺間佔有一席之地，成了韓國的代表性麵條。

韓國喜麵的吃法是在鯷魚醬湯裡加入細麵，上面再放煮熟的蔬菜和雞蛋、海苔等配菜。和日本的素麵比起來，湯頭及配料組合沒有太大的不同。不過有一項最大的不同是韓國喜麵多放了一些調味，像是醬油、辣椒粉、芝麻油、芝麻、青辣椒末等。因為有這些醬料，韓國的喜麵才得以和日本的素麵有些區隔。

在二〇〇〇年中半，韓國喜麵刮起一陣炫風。當時韓國經濟景氣不佳，便宜的喜麵開始大受歡迎。這其實都要歸功於用便宜的美國麵粉所做的細麵，以及便宜的中國產鯷魚乾。

麵疙瘩 수제비 (su-je-bi)

麵疙瘩是先將麵粉團撕成小塊，然後加入沸騰的湯裡煮熟食用的食物。湯裡會加入小魚乾或蛤蜊、牛肉，還會加入南瓜、紅蘿蔔、波菜等蔬菜。以這樣的湯汁與蔬菜組合，改放刀削麵也很搭配。

據說韓文的麵疙瘩——「수제비」一詞是出現在朝鮮中期的文獻，所以有人認為麵疙瘩應該是起源自那個時期，不過從料理的簡易性來看，應該是更久以前就發展出來的食物。蕎麥、玉米、葛藤、馬鈴薯、小麥等等，只要能製粉揉成麵團的食材，都可以做麵疙瘩，韓半島的人們也都是這麼吃的。

麵疙瘩的製作方式也可以應用到米食，將磨好的米粉加水揉成米麵團，削成圓形片後放入湯裡煮熟食用，這就是所謂的年糕片湯（날떡국）。在早期只有穀物磨粉技術時，這已經是可以簡易煮食的料理方式。因此麵疙瘩應當是在麵食出現以前，就已經存在的食物。

麵疙瘩是韓國的平民美食之一。從一九八〇年代末期起的二十多年間，南韓代表性的女演員崔真實經常提及幼年吃麵疙瘩的回憶，想從過去的貧窮經驗裡得到一些安慰，南韓國民也因為共同擁有貧窮年代的麵疙瘩記憶，所以自然而然將崔真實當成妹妹看待。麵疙瘩會引起國民共鳴，是經歷韓戰之後凝聚而成的。

當時美國以麵粉做為救援物資，用麵粉最容易製作的食物就是麵疙瘩。

聽說崔真實為了要喝麵疙瘩的湯，而打開辣椒醬。在沒有肉或魚乾可熬煮高湯的朝鮮時期，應該也是用這種方式在吃麵疙瘩吧。

57

刀削麵

칼국수

(kal-guk-su)

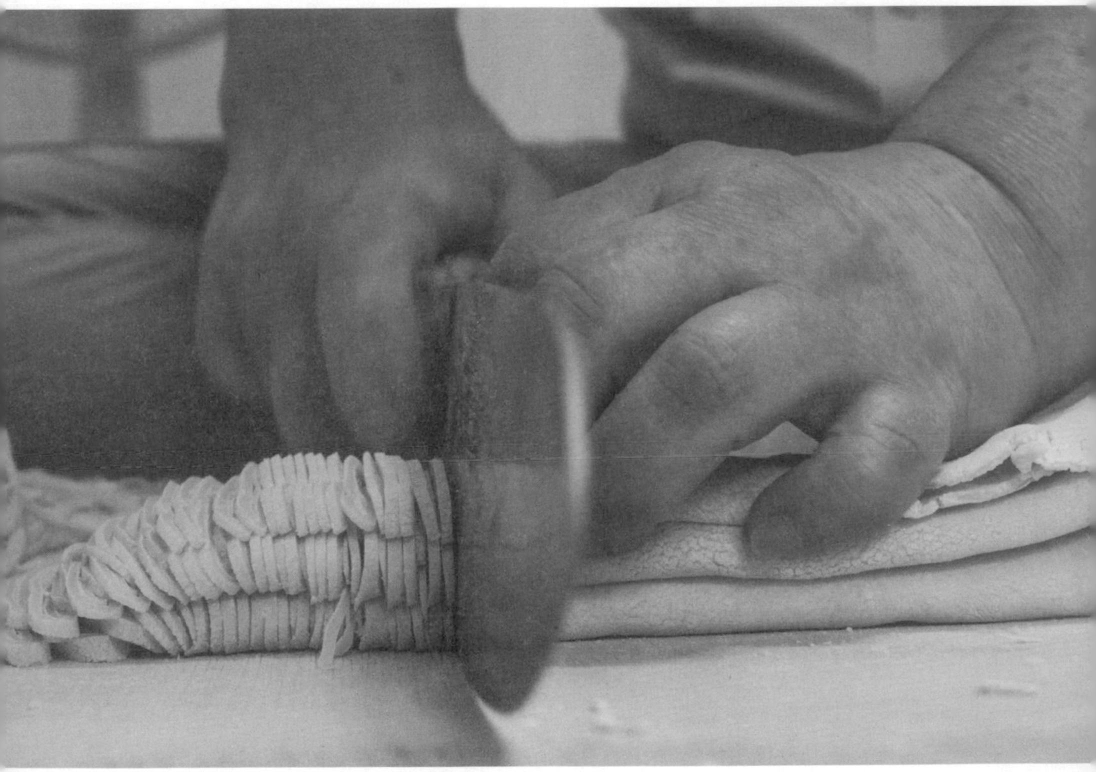

韓國的刀削麵做法，是先將麵團做成麵粉片，捲起來晾乾後再用刀削成麵條。刀削麵在韓國的漢字常被寫成「刀麵」，不過這並不是正確的寫法。漢字「刀麵」在韓國是指「칼싹두기（kal-ssak-ddu-gi）」，刀麵的做法是將麵團揉厚，然後在未乾燥的情況下用刀削塊的麵食。意即「刀麵」是指用刀削出來的麵疙瘩，也稱為「刀削麵片」。至於韓文「칼국수」的正確漢字，應該寫成「切麵」，或是寫成「剪刀麵」。

韓國刀削麵的做法在中國看不到，但在日本和韓國卻是很常見的料理方式，這點與麵條的食材差異有關。中國很早就開始使用小麥，麵粉揉成麵團後就可以拉長延伸，所以抓住麵粉團兩端拉長的方式，是中國製麵的基本做法。不過在韓國和日本的蕎麥比小麥普遍，蕎麥麵團無法從兩端拉長，只能把麵團壓薄，捲起來後再用刀切。此外，在韓國也會把蕎麥麵團壓入壓麵模具製麵，但是在日本沒有這樣做。

韓戰後因為美援麵粉大量進口，刀削麵開始擴散，成為大眾飲食。

一九七〇年代以前稻米供應不足，一般人每天會有一、兩餐是吃麵疙瘩或麵條填飽肚子。

一九八〇年代後，刀削麵開始帶有地方特色。首爾有牛骨湯加細麵條的原汁刀削麵（**제물칼국수**）；忠清道地區有雞肉湯加中粗麵條的撈刀削麵（**건진칼국수**）；沿海地區則有海鮮湯加粗麵條的撈刀削麵（**건진칼국수**）。

到了一九九〇年代，刀削麵成為主要的外食餐點。不過正確的說法應該是有加入刀削麵的火鍋，而不是刀削麵。也就是說刀削麵開始嘗試走高級路線。不過刀削麵仍然是一種平民美食，政治人物也想利用刀削麵來展現自己的親民形象。曾經有報導提到，金泳三前總統在青瓦台幾乎只吃刀削麵，輿論報導出來後因為有民眾的批評，所以早餐就改成吃年糕湯。

58

炸醬麵 자장면（ja-jang-myeon）

在韓國吃的中華料理，大部分是在壬午軍亂（譯註：一八八二年朝鮮王朝的興宣大院君所發動的兵變）時由華商所傳過來的，炸醬麵也是。자장면的漢字原本就是「炸醬麵」，是以中華料理的炸醬和豬肉、蔬菜一起炒過後，淋在麵上食用。中華料理的炸醬是大豆加上小麥發酵的醬料，味道和韓國的鹽味醬（막장）相似。

華商的炸醬麵與韓國的炸醬麵味道完全不同。韓國的炸醬麵加入很多洋蔥，甜味較重。洋蔥大約在一九〇六年流傳到韓半島，不過大量種植卻是在一九六〇年代。所以現在的韓國炸醬麵應該是一九六〇年代以後改良的。

韓國人喜歡吃炸醬麵的首要理由，是因為出餐速度快。韓國人在餐廳吃飯時，不喜歡出餐的時間等太久，炸醬麵正是符合這種急性格的食物。吃炸醬麵時只要用筷子夾三、四回，差不多就可以吃完。因為用餐速度快，沒有空暇可以品嚐太複雜的味道，所以只要大概調一下鹹味及甜味、香氣就可以了。這種口味簡單的炸醬麵，幾乎達到全國一致的程度，因為炸醬麵的主要材料——炸醬，多半是使用同一家工廠的產品。對想要快速填飽肚子的韓國人來說，炸醬麵的味道能一致也是件好事，因為連找餐廳的時間都可以省下來。

從味道與消費型態來看，炸醬麵與辣炒年糕非常相近，都是兼具甜味及鹹味，同樣在香郁的簡單味道裡，加入滿滿的化學調味料，而且都是用餐速度很快的食物。有時吃炸醬麵會加辣椒粉，或是吃辣炒年糕時加入中式炸醬，就代表這兩種食物在韓國人的印象裡具有相當緊密的關聯性。

辣炒年糕 떡볶이（ddeok-bo-ggi）

朝鮮時期就已經有炒年糕，吃法是將長條年糕和牛肉、芹菜、綠豆芽、栗子、紅棗都加入調味醬料裡。雖然加入長條年糕，但整體的味道與炒什錦菜比較類似。到了二〇〇〇年，韓國將它取名為「宮中炒年糕」，目的是想與辣椒醬炒年糕有所區別。

韓國人喜歡吃的炒年糕是辣椒醬炒年糕，這道食物起源自何時已不可考。由於辣椒醬的歷史並不久，普及使用的時間是在一九六〇年代以後，所以推測辣炒年糕差不多是那個時期出現。在辣炒年糕出現之前，就已經有辣味年糕，做法是將油倒入煎鍋裡，再與辣椒粉和蒜頭拌炒而成，名字為「油炒年糕」。這種年糕在傳統市場原本還很常見，後來也被辣炒年糕擠出市場。

韓國人只要一提到年糕，多半會想到辣炒年糕，而且也喜歡吃。它有強烈的甜味和辣味、鹹味，會在辣椒醬裡加滿糖。雖然內容物是年糕，但韓國人卻認為好吃的是它的調味醬。因此年糕的醬汁裡會加魚板，也會加雞蛋，有的人甚至會將年糕的醬汁淋在餃子、炸物、糯血腸上吃。

到了二〇〇〇年代後半，韓國政府開始將年糕推上國際舞台。韓國政府向全世界介紹年糕是韓國的傳統食物，讓全世界的人都認識它，想藉此提升韓國的國際地位。韓國人為此歡呼，政府感受到那股熱烈的渴望，還編列預算成立年糕研究所。負責推動這項業務的人認為辣炒年糕不合討厭吃辣的外國人胃口，所以改做淋上蕃茄醬和奶油醬等西方醬料的傳統年糕。有位知名的廚師還建議，如果加上鵝肝，搞不好還可以打進高級餐廳，帶動年糕的國際化。江南一帶就有些餐廳推出這種「全球化的年糕」。

不過韓國人依然對辣炒年糕為之瘋狂，聽到有人高喊年糕全球化，也一樣會歡呼。韓國人還沒有養成習慣，正視自己所喜歡吃的食物。

60

關東煮 오뎅（o-daeng）

把關東煮稱為魚板（어묵）是錯誤的說法。魚板是指將魚肉壓碎攪拌後，用油炸或蒸煮、烤熟做成的食物；關東煮則是指用竹簽把魚板、油豆腐、白蘿蔔、蒟蒻等食材串在一起，放入清湯裡煮熟的食物。魚板只是關東煮的材料之一，有的人卻誤把食材當做食物名稱。關東煮正確的名字應該是「꼬치（ggo-chi，串煮）」或「꼬치안주（ggo-chi-an-ju，串煮下酒菜）」。

關東煮的意義轉變成魚板，是解放以後的事了。關東煮店是日帝強佔期的立飲酒吧之一，這種酒店是喝清酒配關東煮。解放後韓戰開打，使得關東煮店快速沒落。首爾四大城門的後巷有所謂的「正宗家（譯註：指清酒店）」，就是日帝強佔期留下的關東煮店痕跡。

韓戰後，關東煮店的串煮下酒菜轉移陣地到路邊賣，從下酒菜變成點心。魚板一樣串著賣，但油豆腐、白蘿蔔、蒟蒻有的攤位沒賣，有的則是串起來另外賣。湯頭也變得不一樣了，從原本的柴魚昆布湯，換成鯷魚乾湯。

在學校前面的麵食店裡，關東煮和辣炒年糕、血腸並列成為學生們的主要點心。

日帝強佔期的關東煮店，一九九〇年於韓國再度登場。店裡的餐桌上放著煮關東煮的長鍋子，客人圍座在餐桌旁一邊喝酒，一邊吃關東煮。內部裝潢得像日本後巷的立飲酒吧，不僅裝上嵌有玻璃的木推門，連地板和牆壁也都是木製的。年輕人看到這樣的關東煮店，都為之歡呼。光是能簡單地喝一杯，就足已讓人感到滿足，再加上韓國年輕人經常去日本旅行，大多看過日本的關東煮店，這些關東煮店正好可以讓他們重溫旅行時的回憶。至於對日帝強佔期關東煮店的遙遠民族記憶，如今也該是忘了吧。

燒酒 소주（so-ju）

韓國人最常喝的酒是稀釋燒酒，這是在澱粉發酵的高濃度酒精裡，加水稀釋做成的酒。因為加水後味道變淡，所以又加入帶有甜味及香氣的添加物。原本是以蕃薯做為澱粉原料，近來則改用木薯。

一直到一九六〇年代前，燒酒還是以傳統蒸餾式米釀燒酒為主。不過當時蒸餾式燒酒的消費量不大，光馬格利米酒就佔有百分之七十～八十的酒類市場。一九六五年的《糧食管理法》規定禁止使用稻米釀酒，接著用蕃薯製作的廉價稀釋燒酒很快就打入了市場。大型稀釋燒酒廠商透過廣告炒作及全國的行銷網，快速改變韓國人的酒局，而且持續到今天。雖然這段期間曾經因為消費者抱怨，而把糖精和化學調味料從燒酒成分中排除，但裡面仍然含有各種添加物。

一九九〇年代燒酒有項重大的改變，那就是酒精濃度降低了。

有種說法是消費者慢慢偏好淡酒，所以引發這項改變，但是如果從人們喝酒的型態來觀察，也有可能是燒酒公司為了增加營收，而將酒精濃度調降。在燒酒酒精濃度調降後，女性的燒酒消費量就猛然攀升，男性為了達到像以前醺醉的程度，也必須喝更多的燒酒。其實在燒酒降低酒精濃度後，銷售量就急遽增加。也就是說，在市場具有獨佔地位的食品公司，可以一邊調整消費者口味，一邊從中獲取自己的利益。

一九六〇年代以後，蒸餾式燒酒幾乎全軍覆沒，只剩地方上留下的幾種蒸餾燒酒，還以傳統酒的名義繼續支撐著。

馬格利米酒 막걸리（mak-geol-li）

馬格利酒一度是韓國人最愛喝的酒。以前邑、面（譯註：南韓行政區。「邑」相當於台灣的鎮，「面」相當於台灣的鄉）都會有小型釀酒廠，人們可以在這裡喝馬格利酒。不過一九六〇年代以後被燒酒和啤酒超越，馬格利酒在韓國酒類市場中就一直維持著不顯眼的身影，大概只能用僅存一息來形容。

二〇〇〇年末李明博政府出面引領一股馬格利酒風潮。馬格利酒的流行風是從日本跨海而來吹起的，因為有篇報導提到日本喝馬格利酒的人逐漸增加，引發韓國人反省馬格利酒都能在國外有人氣，韓國國內到底在做什麼？當時韓國政府正面臨剩米無法處理的窘境，援助北韓的米又因為南北關係受阻，而堆在倉庫裡，所以需要深植給國民一個印象，知道政府想帶動馬格利酒的流行，同時也在努力解決稻米庫存的問題。

不過吹了幾年間的馬格利酒風潮，最後落得不了了之的下場。第一個理由是馬格利酒不符合韓國人的口味。馬格利酒的做法是在穀物裡加入酵母發酵成酒精，之後再加水降低酒精濃度。加水後的味道比較濁，所以會再加入甜味劑等甜味成分，讓馬格利酒帶點微甜。此外僅有六天左右的短期發酵，使酒的香氣不夠醇厚，這點也成了令消費者裹足不前的理由。

馬格利酒消費停滯更為關鍵的理由，在於它的下酒菜。

韓國人喝酒時通常會配食物，一般人會先決定吃什麼之後，才決定要喝什麼酒。韓國人最常喝酒的場合還是烤肉店，但馬格利酒並不適合配烤肉。烤肉的香氣與馬格利酒的酸甜滋味，兩者不搭配。回想一九六〇年代以前喝馬格利酒配小菜的盛況，就不難理解二〇〇〇年以後，馬格利酒盛況不再的原因了。

63

綠豆餅

빈대떡

(bin-dae-ddeok)

有關綠豆餅的韓文名字——빈대떡（Bin-dae-ddeok）的詞源，有很多種說法。第一種說法認為빈대（Bin-dae）是源自於漢字的「賓待」，所以意指招待貴賓的糕點。不過如果語源是來自於漢字，結構上應當是「待賓——대빈（Dae-bin）」才對，所以極有可能是後來才出現的說法。也有一說認為原名是빈자떡（Bin-ja-ddeok，漢字為「貧者糕」），也就是指窮人吃的年糕，後來才演變成빈대떡。另外還有人認為這個字是源自於中國食物병저（Byoung-jeo，漢字為「餅藷」）依序再演變為「빙자（Bing-ja）→빈자（Bin-ja）→빈대（Bin-dae）」而成。由於綠豆餅是用綠豆煎成的糕餅，有的地方語言稱綠豆為「푸르대（Pu-reu-dae）」，意指「綠色的豆子」，所以也有人認為빈대是從푸르대一字，依序「풀대（Pul-dae）→분대（Bun-dae）→빈대（Bin-dae）」演變而成的。

綠豆餅的詞源會有這麼多種說法，這也代表它是一種深入韓國人日常生活的食物。

通常愈多人吃的食物，食物名稱的變化就會愈多樣，詞源經過口耳相傳後也變得比較複雜。不管名字來源如何，綠豆餅的確是相當平民化的食物，將來也是如此。

綠豆餅被認為是首爾的食物，因為早期首爾有很多家綠豆餅店，像是在鍾路區的貫鐵洞、清進洞、武橋洞、瑞麟洞巷子裡，以前有很多簡陋的小酒店，店裡賣的就是綠豆餅和馬格利酒。從日本佔領期、解放以後，一直到韓戰後，綠豆餅店的命脈未曾間斷。這裡可以稱得上是首爾平民的後廂房。

一九八〇年之後，這一帶以武橋洞為起點，開始進行開發。綠豆餅店在當時慢慢轉移到避馬街和北倉洞等地。到了二〇〇〇年，最後僅存的避馬街和清進洞一帶也進入開發，以往的綠豆餅店不是殘留在高大的建築物夾縫中，就是搬移到更遠的地方。

雖然建都六百年了，首爾卻沒有一種可以代表平民飲食的像樣食物，也沒一家食堂可以在同個地方立足幾十年，讓首爾的平民生活能增添一些色彩。由此可見日子的艱難。

煎餅 부침개 (bu-chim-ge)

一九七〇～一九八〇年代的學士酒吧大受歡迎，酒吧的裝潢宛如朝鮮時期的酒館，賣的是馬格利酒。在啤酒和燒酒推出後，學士酒吧開始沒落。一九九〇年代後半，賣馬格利酒的立飲酒吧在住宅區蔓延，如果要取名的話，姑且可以稱之為馬格利酒吧。

馬格利酒吧一定會賣煎餅，蔥煎餅、白菜煎餅、煎肉餅、辣椒煎餅、煎南瓜片等都是基本品項。比較奇特的是在這種馬格利酒吧裡，竟然沒有賣同樣是煎餅類的綠豆餅。這代表韓國人隱隱也認定，綠豆餅要有另外的專賣店。會有這樣的差異，有可能是因為每種煎餅的主原料都是麵粉和雞蛋，但綠豆餅有使用綠豆。此外，煎綠豆餅用的是豬油，這點也可能是需要分開販售的另一項原因。過去食用油比較貴，所有煎餅都是使用豬油，現在綠豆餅單獨販售，既可以呈現專賣店食物的特性，又能保留傳統作法；其他煎餅則是各家立飲酒吧做的，餅的特殊性和使用豬油的傳統，差不多已經消失殆盡了。

煎餅是宴會食物，也是祭禮用的食物，平常很少吃。宴會或祭禮用的煎餅需要大量製作，一般家庭沒有大的煎餅鍋，做起煎餅大費周章，所以平日就不常做煎餅。

馬格利酒吧的煎餅會受到歡迎，或許是因為人們希望在那個喝酒場合，可以回味以往宴會與祭禮的熱鬧氣氛吧。馬格利酒吧熱鬧喧嘩，當香氣十足的煎餅味一散開，就會讓人感到好像來到辦喜宴的家庭裡，或是回到年節時的故鄉。馬格利酒吧會聚集在住宅區的巷弄，而非市中心，也是為了迎合大家喜歡社區喜宴熱鬧的結果。馬格利酒吧經常是鄰居三兩聚集，一起大聲說笑。能夠配合這種氣氛的食物，大概只有煎餅，沒有別的了吧。

65

血腸 순대

(soon-dae)

韓國鄉下的五日市集（譯註：每五日擺一次攤的市集）一定會賣血腸。巷子裡也一樣，常會聚集六、七家並排一起賣。餐館前放著一隻豬頭，旁邊會掛著兩、三只大鍋，一只鍋子用豬骨熬湯，另一只鍋子正在熱血腸和內臟、豬頭肉。血腸與內臟、豬頭肉裝在一個盤子裡端出來，再加入豬骨湯，最後就成了餐桌上的血腸湯。

血腸是在豬腸裡塞入豬血、綠豆芽、乾白菜、糯米等食材再蒸熟的食物。為了符合成本，近來常會以冬粉取代糯米。

五日市集的後巷有許多血腸餐館聚集，這是因應鄉下居民的經濟狀況而形成的。

觀察這些餐館的食物可以發現，使用的食材全部都是豬隻的副產物。豬肉留在精肉店賣給經濟狀況較佳的人，其他副產物則經過蒸煮後，成為庶民們的三餐或下酒菜。

血腸的韓文是순대，以前稱為핏골집（譯註：pit-gol-jip，指包覆皮骨的盒子），血腸湯則稱做혈장탕（hyeol-jang-tang，血臟湯）。從血腸以前

的名稱，就可以看出食物的做法。血腸湯不太一樣，記錄上描述血腸湯為豬內臟湯，沒有加血腸。有可能「순대」一詞在過去是指豬腸，現在的순대是韓戰後才廣泛流傳的食物，除了成為大眾飲食外，名稱上也放棄容易引起反感的「핏골집」和「혈장탕」，另外使用意指豬腸的「순대」一詞以擴大取代。

血腸常被拿來和西方的香腸比較，因為做法相似，同樣是在豬腸裡塞入豬隻各種部位食材後料理而成。不過料理方式與外觀雖然相近，但味道及吃法卻不同，所以就算有類似的部分，意義也不大。當某個民族在獵食動物時，都會嘗試在腸子裡塞入血或各種材料煮熟食用，因此每個民族都分別保有這一類食物。即便如此，還是不能據此判斷各民族的飲食文化是隸屬於相同的系統。

部隊鍋 부대찌개（bu-dae-jji-ge）

部隊鍋是加入了火腿和香腸的火鍋。火腿和香腸在西方是用烤或蒸熟吃的食物，到了韓國卻是加滿湯汁煮成火鍋。火腿和香腸原來的味道都一樣，但是因為料理方式不同，最後的食物味道與吃法也變得不同。這是西方食材引進韓國飲食文化的一例。所謂飲食文化，通常不在於食材的相似性，而是要依照最後的消費樣態來區隔或分類，從部隊鍋的例子就可以了解這一點。

部隊鍋是從韓戰後打包美軍部隊廚餘，煮成像豬食般的人鍋粥而來的。從美軍部隊拿出來的剩飯裡會有肉塊，也有火腿和香腸，裡面可能還夾雜著淋上蕃茄醬的沙拉和麵包碎片。人們將這些放在鍋子裡煮開後吃，有美軍部隊的地區都是相同情況。美軍當時被稱為聯合國軍，這道食物就被取名為聯合國湯（UN 탕）。

到了一九六〇年代，這種大鍋粥的狀況稍有好轉，人們不再使用廚餘，而是從美軍部隊偷帶火腿和香腸出來，然後加泡菜煮成火鍋。一九六六年美國總統詹森訪問韓國，詹森總統在訪韓期間觀察了平民的生活樣貌，使韓國人留下深刻的印象。這種深刻的印象，讓曾經被稱為豬食粥、聯合國湯的火腿香腸火鍋，又再被加上詹森湯的名字。現在用的部隊鍋（부대찌개）一詞，是一九七〇年出現的。一開始叫詹森部隊鍋、詹森部隊湯，直到一九九〇年代末才統一稱為部隊鍋。

韓國在一九八〇年以後進入高速的經濟成長期，但部隊鍋並沒有因此消失。即便部隊鍋是會勾起韓戰後悲慘歲月回憶的食物，但很多人對它仍是懷著濃郁的鄉愁，在外國人面前也自豪地說這是韓國的味道。克服韓戰後苦難時代的那股自信氣勢，正在部隊湯鍋裡沸騰著。

馬鈴薯湯 감자탕（gam-ja-tang）

食物名稱依照慣例，都會以主食材、料理方式或完成的料理型態命名。這是為了能在聽到食物名稱時，就先想像出食物被期待的味道。不過原則總是有例外，像是應該取名為「醬炒雞肉蔬菜」的食物被稱做「辣炒雞排」；應該稱為「火腿香腿火鍋」的食物被叫做「部隊鍋」一樣。這些變則通常也反映了那道食物在人們心中的印象，或是人們對這道食物的慾望。馬鈴薯湯也是一樣。

馬鈴薯湯雖然有加馬鈴薯，但這並不是主要的食材。這道食物是將豬脊骨長時間熬煮後，再加入白菜乾煮熟而成，正確名稱應該叫做「白菜乾豬脊骨湯」才對。馬鈴薯只放一、兩塊，結果卻取名叫馬鈴薯湯。曾經有廣播節目介紹說：「豬骨中有一塊名為『馬鈴薯骨（감자뼈）』的部位，用馬鈴薯骨熬的湯就是『馬鈴薯湯（감자탕）』。」不知廣播節目是否為了有趣而這

麼說，但「馬鈴薯骨是馬鈴薯湯的原料」這個說法，已經像野火燎原般散播，如今韓國人現在都以為真的有馬鈴薯骨。

韓民族很早以前就會用豬熬湯，這個歷史可以追溯到遙遠的史前時代。人們對於常吃的食物材料，多半會使用具體名稱，豬骨也是一樣。畜產專家說過沒有馬鈴薯骨這個部位，馬鈴薯湯裡放的骨頭是脊椎骨，不曾有人稱它為「馬鈴薯骨」。但是實際到豬肉店或市場，可以看到有人把豬脊骨貼上「馬鈴薯骨」的名字在賣，這是因為標示「馬鈴薯湯骨」和「馬鈴薯骨」，會比「馬鈴薯湯用豬脊骨」來得方便。

白菜乾豬脊骨湯以前叫「**뼈다귀해장국**（豬骨醒酒湯）」、「**뼈다귀국**（豬骨湯的純韓語）」、「**뼈다귀해장국**（豬骨湯的漢字語）」。因為加了馬鈴薯，所以也有人叫「**감자뼈다귀탕**（馬鈴薯豬骨湯）」、「**감자뼈다귀해장국**（馬鈴薯豬骨醒酒湯）」。一直到一九八〇年才簡稱為**감자탕**（馬鈴薯湯）。把豬、骨兩字拿掉，簡稱為「馬鈴薯湯」，反而讓人感覺好像散發一股鄉土氣息，而且是江原道深山裡的味道。馬鈴薯也是都市勞動者的食物，發出嘖嘖聲吸著沒有肉的豬脊骨，心中也同時思念著溫暖的故鄉。

馬鈴薯 감자（gam-ja）

日帝在韓國農業上留下微妙的痕跡。日帝推動的品種改良及農地整理，使韓半島的稻米產量增加，讓現代稻米的生產基礎得以完備，但卻要求收成的作物必須繳出來，所以韓半島的住民一直處於饑餓狀態。馬鈴薯是一八〇〇年代初進入韓半島，不過擴大栽種卻是在日帝強佔期間。日帝要求繳納韓半島的米，同時又推動以馬鈴薯做為普遍取代稻米的糧食作物。

一九三〇年代日本在韓半島推動名為「男爵」的馬鈴薯品種普及化。這是一八七六年在美國育成的品種，由於是川田龍吉男爵從英國將此品種攜回日本，所以命名為「男爵馬鈴薯」。韓半島至今仍有栽種，這是煮熟後含粉量高的馬鈴薯，韓國人把它當成江原道的本土馬鈴薯。也就是說日本奪走稻米，引進替代的美國馬鈴薯當食物，而這個馬鈴薯又變成了韓國的本土食物。

不管傳入的理由是什麼，馬鈴薯在韓半島的糧食作物上都扮演了關鍵的角色，尤其在無法種植特別糧食作物的咸鏡道、平安道、江原道等偏僻山區，更是重要。馬鈴薯生產性高，收成後不需加工即可煮熟當三餐吃，對貧窮的農民來說是最具經濟性的糧食作物。馬鈴薯可以用來做年糕、麵疙瘩、煎餅、麵條。這個被視為江原道鄉土食物的馬鈴薯品種，也是因為這些理由才會在日帝強佔期進行開發。

一九七〇年代開始有新的馬鈴薯品種傳入。一九六一年名叫「秀美」的馬鈴薯品種在美國育成，這個品種比男爵品種更能抵抗病蟲害，收穫量也高，很快就在韓半島擴散種植。二〇〇〇年代以後韓國所種的馬鈴薯有百分之八十是秀美種。但是秀美種是屬於黏質馬鈴薯，煮熟後較為黏稠，口感不佳。或許會有人想找回馬鈴薯過去膨鬆的口感，但現在已經不容易找到。姑且不論它是不是由日帝傳進來的，如今那種馬鈴薯已經只能回味。秀美種被韓國某家食品公司當做洋芋片品牌，「秀美」一名則是從英文名 superior 翻譯過來的。

69

蕃薯
고구마
(go-gu-ma)

蕃薯傳入韓半島的時間與馬鈴薯接近，擴大栽培的情形也與馬鈴薯相似。日帝要求繳納稻米時，蕃薯也是替代的糧食之一。栽培特性上馬鈴薯分布在北部，蕃薯則在南部較為普及。蕃薯主要栽種於全羅南道和慶尚南道等地。

蕃薯蒸熟即可食用，不過仍需要加工，以方便於平日三餐使用。將蕃薯放入小型的手動機器裡切薄，乾燥後放置一段時間，可以蒸熟或熬粥食用。這種食物叫做「절간고구마（乾切蕃薯）」，也有人稱做「빼때기（蕃薯乾）」。蕃薯乾可以用生蕃薯製作，也可以蒸熟後製作。如果以生蕃薯狀態保存，度冬時可能會壞掉，所以製成蕃薯乾有利於保存。酒精工廠購買蕃薯時，也都是收蕃薯乾。

解放後南部地方繼續種植蕃薯，相當多的數量都做為酒精生產用。一九七〇年代以後，製作酒精用的澱粉改用進口木薯，蕃薯產量就持續減少。一九七六年發生酒精工廠與農協聯手違反蕃薯收購約定事件，導致農民與農協和政府為時兩年的對抗，最後終於獲得補償。

歷史上將這件事記錄為「咸平蕃薯事件」，這個事件也被解讀為是解放後組織性農民運動的開始。

進入一九八〇年代後，消費者對蕃薯的觀點開始轉變，發現蕃薯既不是糧食，也不是酒精原料，而是零食的一種。在此同時，蕃薯的品種也有所變化。栗子蕃薯開始消失，水蕃薯逐漸佔優勢，南瓜蕃薯也是屬於水蕃薯。「栗子」和「水」的分類是依據蕃薯中的澱粉含量而決定，澱粉含量在百分之二十三～二十五者屬於栗子蕃薯，含量百分之十八～十九者屬於水蕃薯。如果要做糧食或酒精用，澱粉量多的蕃薯生產性較高，所以過去大家只種栗子蕃薯。

濟洲和慶尚南道部分地區把蕃薯乾當成土產推廣。一九八〇年代以後原本只種水蕃薯，後來又重新回頭找尋栗子蕃薯品種。

橡實涼粉 도토리묵（do-to-ri-mook）

一到秋天，韓半島的山野間經常可以見到橡實。由於麻櫟、抱櫟、槲樹、槲櫟、米心水青岡等樹都是群聚生長，只要站在樹下就能撿到橡實。把撿到的橡實浸在水裡去除澀味後，可以拿去熬粥，可以加在飯裡，也可以做成涼粉。不過近來已經不能這麼做了，因為必須把橡實留給動物當食物，所以在很多地方禁止人們撿拾。現在有一部分橡實是韓國國產，大部分則是由中國進口。

上了年紀的韓國人對橡實涼粉都各自帶有些許的回憶。每次從後山撿回橡實，奶奶和媽媽就會做成涼粉給全家人吃，這是所有人的共同記憶。但是對於記憶中的食物——橡實涼粉的味道，卻是看法分歧。有些人記得帶有香氣；有些人記得帶有淡淡的苦味；有些人記得它的輕柔蕩漾；還有人記得邊切邊發出「篤、篤」聲的橡實涼粉，每個人都認為那才是自己記憶中真正的橡實涼粉。因此如果擺一盤橡實涼粉在韓國人前面，馬上就有口舌之爭，討論什麼才是真正的橡實涼粉味道。不過這個題目並沒有標準答案。

韓半島山野間的每個社區，都各自有能結出橡實的樹群聚生長。有的村子是麻櫟群聚，有的村子則是槲櫟群聚。所以即便同樣是橡實，味道還是各有不同，而用那些不同的橡實所熬煮出來的橡實涼粉，也就成了大家在各自心中所記憶的真正橡實涼粉的味道。假設是在有很多麻櫟的社區長大的人，記憶中的橡實涼粉味道就會是帶點苦澀而較少香氣；如果是在槲櫟群聚的社區度過童年的人，就會認為橡實涼粉的真正味道又甜又香，比較不苦澀。

不過近來這種區分方法已經沒有用了，因為大部分的涼粉都是從橡實中抽取粉質澱粉熬成的。如今只能看著眼前毫無橡實香氣、口感軟爛的橡實涼粉，一邊回憶著故鄉的後山了。

豆腐 두부（du-bu）

「巴黎的主婦不會把麵包買回家放著過夜。每次要用餐前，她們才去麵包店買麵包，吃剩的就丟掉。我想，不管人家怎麼說，所謂用餐就應該這樣。豆腐也一樣，只吃剛買的，隔夜的豆腐才不要吃呢，這是正常人的想法。」（譯註：引用自《村上朝日堂》，譯者：賴明珠，時報出版，二〇〇七）

這是村上春樹對於豆腐的一段隨筆節錄。韓國人也知道剛做好的豆腐最好吃，所以會去現做的豆腐專賣店買豆腐。不過在家中吃的豆腐卻不一樣，家裡吃的都是和水一起裝在塑膠容器裡的豆腐。這種豆腐在工廠做好後，依法規可以有十五日左右的保存期限。依村上春樹的講法，這不是照著「正常人的想法」在吃豆腐。

在一九八〇年以前，韓國人還是吃剛做好的豆腐。每個社區都有間家庭手工豆腐工廠，店家在此熬夜把豆腐做好，清晨就拿出去賣。一邊搖鈴，一邊大喊「買豆腐呦」。早晨一過，沒賣完的豆腐就會擺在社區的小賣店賣。因為很快就腐壞，所以不會有過夜的豆腐。日本現在還保有這樣的社區豆腐，韓國則是已經完全拋棄了。

一九八〇年代，一家食品公司採用塑膠容器包裝豆腐販售，這是經過殺菌處理，可以長時間保存的豆腐。豆腐不會曝露在外，看起來好像很衛生。這種豆腐稱做包裝豆腐，大受消費者喜愛，這家公司也因此開始急速成長。因為是包裝豆腐，流通上相對容易，導致從日帝強佔期固守至今的家庭手工豆腐營業通路，在一夕間崩潰。這家公司將韓國幾家豆腐廠當做下游工廠，創立一個品牌，最後使得社區家庭手工豆腐廠做的好吃豆腐消失了。

由品牌主導的韓國包裝豆腐市場，到目前依然沒有改變。因為韓國人喜愛打印在豆腐包裝紙上的品牌，更勝於豆腐本身的味道。

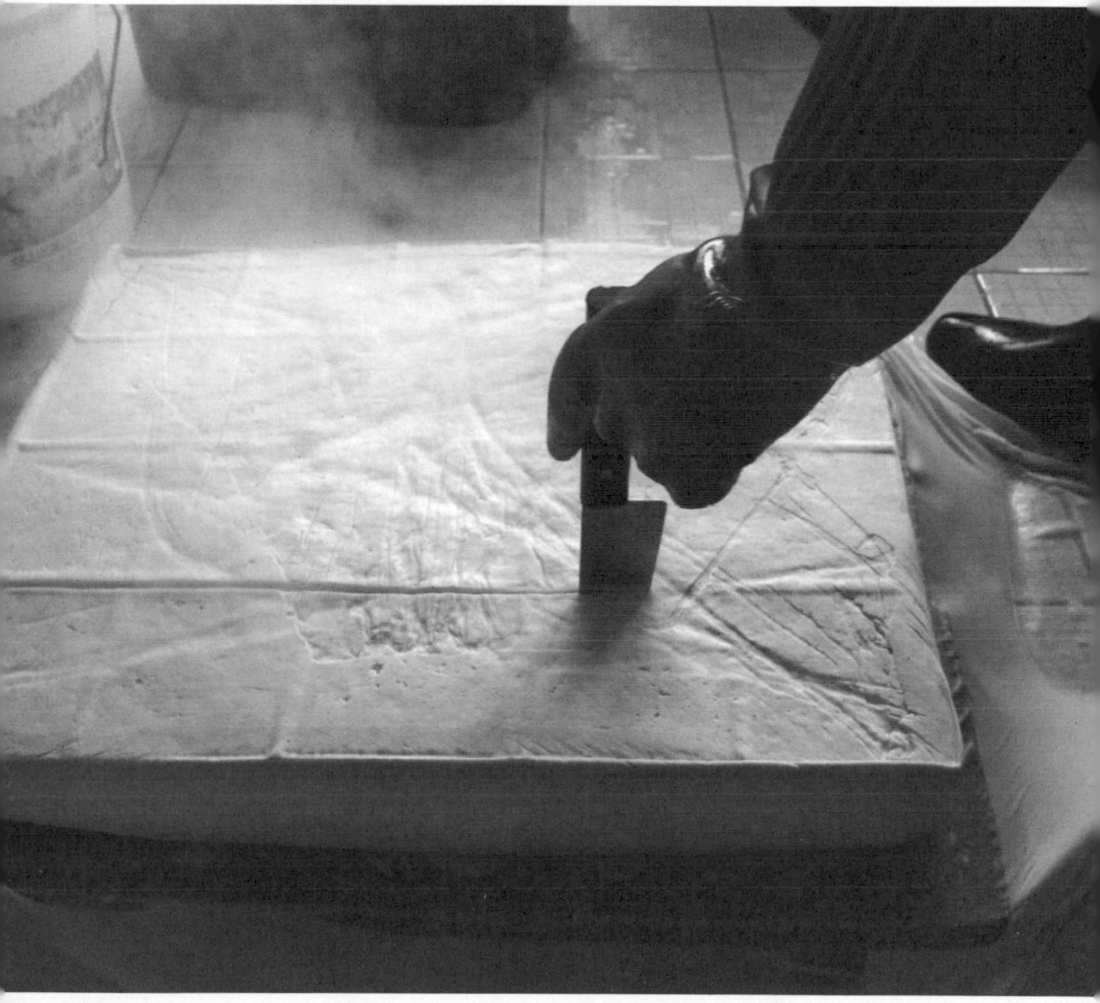

韓式味噌 된장（dwen-jang）

味噌（包含清麴醬）是亞洲民族共有的食物。亞洲民族很久以前就有吃大豆，也有吃味噌。大豆收成後如果以自然狀態保存，將會因承受不了夏日的濕熱而腐壞，所以人們想出一個可以長久保存的方法，那就是做成味噌。

大豆蒸煮後經過放置，就會隨菌種發酵，這時會出現霉味，不過這不是腐壞，因為有蒸煮過，所以大豆的蛋白質得以順利分解。這時候的狀態是清麴醬，如果再晾乾一些，就可以長時間保存，也可以當成豆醬餅。充分乾燥的豆醬餅不會腐壞，可以吃很久。《三國史記》有一段記載神文王準備的幣帛聘禮當中，「시（豉）」應該是豆醬餅。另外文章中也有出現「장（醬）」，是分解成醬油與味噌之前的狀態，這時只要再加一點鹽，就可以成為豆醬餅。這種屬於大豆發酵食物的味噌類醬料，在亞洲許多國家都可以看到，像是日

本的納豆和味噌、中國的豆豉、印度的 Sujache、尼泊爾的 Kinema、印尼的 Tempeh、泰國的 To-anao 等等，這些都可以視為與韓式味噌相同系列的食物。

大豆在韓半島任何地方均可生長。在田裡隨意栽種，都可以收成足供醃製一家人全年所需的味噌。也因此韓式味噌成了韓半島上最常見的配菜醬料。熬湯、醃豆芽菜、煮肉、蒸魚都會用到味噌。即使只有摘採田間的蔬菜回來，只要有味噌，就可以配上一頓飯。把韓半島的食物統稱為是味噌食物，並非言過其實。

日本將可以生產大量味噌的設備帶到韓半島，除了大豆外，還可以加入小麥、米、大麥等做成速成味噌。這一類味噌以前在韓半島也有，不過味道卻與大部分人所吃的大豆味噌有所不同。

日本人離開後，速成味噌反而大舉攻佔市場，這是都市化後的結果。

如今韓國人對傳統的大豆味噌味道，反而感到陌生。

73

醬油 간장（gan-jang）

醬油是製作味噌的過程中取得的副產物。朝鮮中期的著作《增補山林經濟》中出現的「清醬（청장）」一詞，指的應該就是醬油。開始從味噌中分離出醬油，是朝鮮時期的事。其實只要有味噌，就能夠依照食物鹹淡調出想要的味道，所以醬油的分離沒有那麼快發展出來。醬油的分離，應該是想讓食物外觀看起來更清爽的貴族們在閒暇時投入研究的。

到了日帝強佔期，日本的醬油製造業者來到韓半島大舉進行營業活動。日本的醬油與只用大豆和鹽釀造的韓半島醬油不同，日本醬油加入了小麥、米、大麥等原料，所以帶有甜味。剛開始這種醬油被貶稱為倭醬油，後來朝鮮半島人喜歡上這種甜味，所以就改稱為濃醬油（진간장），而且經常使用。因為先後有倭醬油、濃醬油，所以韓半島原來的醬油就另外取名叫朝鮮醬油。從日帝強佔期的料理方法來看，已經說明了朝鮮醬油和倭醬油混合使用的要

訣。這個時期還開發出用鹽酸將大豆或大豆粕加水分解，速成製作醬油的技術，這種醬油稱為酸分解醬油。

解放以後因為酸分解醬油價格便宜，所以快速擴散。在酸分散醬油中有摻入糖精和化學調味料，連帶造成韓國食物的劣質化。一九九〇年代酸分解醬油傳出含有致癌物質，引起很大的震憾，於是酸分解醬油製造廠轉型為生產日式釀造醬油，還推出了混合釀造醬油與酸分解醬油的混合醬油。根據醬油業者的說法，在韓國賣最好的醬油是混合醬油，混合醬油裡面有甜菊糖之類的甜味添加物，是甜味比鹹味重的醬油，裡面也有含人工香料。

韓國食物大部分會變甜的原因，就在於所使用的醬油。

至於朝鮮醬油，目前則是靠家庭式及小規模的地方業者在維持命脈。

辣椒醬 고추장（go-chu-jang）

辣椒是在壬辰倭亂（一五九二～一五九八年）期間傳入韓半島。

在味噌裡加入辣椒粉就變成辣椒醬，但是辣椒醬卻一直到一七〇〇年代才出現。

在近代以前，一樣食物從開始傳播到能在日常飲食中佔有一席之地，需要經過很長一段時間。歐洲人在美洲大陸「發現」辣椒後將它傳播到世界各地，經過快一百年才流入韓半島，從這點就可以理解過程緩慢的傳播及變化。

韓國食物的研究者有時會將辣椒醬解釋為「加辣椒的醬料」，主張可以用西方的辣椒醬來取代。西方的辣椒醬是在辣椒裡添加各種酸味、鹹味、甜味使其熟成，不過韓國的辣椒醬屬性有些不同。如果做系統性的區分，韓國辣椒醬應該是屬於味噌的一種。韓民族從很久以前就開始食用味噌，味噌基本上是先用大豆做成豆醬餅使其發酵，然後加入鹽巴熟成，最後再加入辣椒成為辣椒醬。為了提高甜度，有時會加入麥芽、米、大麥等穀物，但基本上仍是屬於「加辣椒粉的味噌」。因此韓國辣椒醬和西方的辣椒醬味道不同，所以也不能互為替代品。

一九六〇年代後，砂糖、水飴等甜味食材變得更便宜，辣椒醬的味道也產生大幅的變化。原本以麥芽使穀物入味的低調甜味沒有了，取而代之的是滿滿挑逗舌尖的砂糖和水飴甜味，這時不需放豆醬餅渣，也能做出辣椒醬。在辣椒的辣味和砂糖或水飴的甜味之外，只要再加入穀物粉調出適當的黏稠度，就可以當辣椒醬販售了。製作過程不再需要發酵和熟成，辣椒醬也不再是辣椒「醬」，而是辣椒「調味料」了。

醋 식초（sik-cho）

穀物或水果發酵出酒精後，下一個階段就會發酵成為醋。所以每個民族的食用醋，都是從那個民族喝的酒發展出來的。如果是喝葡萄酒，就會吃葡萄醋；如果是喝米酒，吃的就會是米醋。韓半島的居民用米釀酒，米酒大部分是馬格利酒，所以平常食用的就是馬格利食醋。韓半島南部地方因為有很多柿子樹，所以主要食用柿醋。將柿子裝入甕缸裡，放置一年後就成了食醋。

日帝強佔期有劃時代的酸味製品進入韓半島，那就是冰醋酸。冰醋酸的價格便宜，酸味強，很快就掌握韓國食物的酸味。它是從石油提煉出來的一種化工藥品，因為帶有酸味，所以將它使用在食物上。一九六〇年代冰醋酸的風險廣為人知，於是釀造醋開始踏入市場。釀造醋是在酒糟和水果等原料上注入醋酸菌，在短時間內使醋酸發酵變成食醋。可是韓國人已經習慣冰醋酸的強酸味，釀造醋無法滿足他們。釀造醋和冰醋酸混合而成的合成食醋，反而大受消費者歡迎。

一九九〇年掀起了一股食醋健康飲風潮，大家認為吃天然食醋對健康有幫助，柿醋、梅醋等都被當成健康食醋開賣，不過飲食上使用的仍是釀造醋。為了那些覺得釀造醋不夠酸的消費者，業者還推出了「雙倍食醋」的產品。

即便到二〇〇〇年，冰醋酸依然繼續在使用。飲食店為了加強酸味，所以還在使用冰醋酸。特別是在中國餐館就有用冰醋酸，韓國人喜歡吃的糖醋肉裡，一定要加冰醋酸才夠味。不過消費者並不知道，那濃烈的酸味是來自冰醋酸。大家在市面上看不到冰醋酸，就以為它消失了。

其實冰酸醋還隱身在暗處，尚未從韓國外食業裡根除呢。

生魚片 생선회（saeng-seon-hwe）

一直到朝鮮時期，生魚片都還不是日常吃的食物。海邊的人會把生魚切片，拌過味噌醬之後當三餐吃。不管是水生魚片，還是現做生魚片，都是生魚片在日常三餐中留下的痕跡。到了日帝強佔期，因為日本人愛吃生魚片，所以連內陸地區也能吃得到生魚片。不過日本人的生魚片吃法不一樣，他們是將魚肉大塊剁下沾醬油吃，韓半島人將這種吃法的生魚片，直接以日語稱做「沙西米（사시미）」。

日帝退出後，日式生魚片跟著消失，同時出現了韓式吃法。魚肉的切法遵循日本的方式，吃法則另外添加了韓國味。這時使用了味噌和醋辣醬，還有可以用來包肉吃的萵苣和紫蘇、生蒜頭。餐館的裝潢採日本風，食物名稱也是採用日式的「沙西米」，不過擺上桌的既不是日式，也不是韓式。

一九八〇年代，活魚的貯藏運輸和管理方式皆有改善，生魚片的餐館家數也同時激增，每家餐館都蓋了玻璃水槽，賣「活魚生魚片」。可以抓活魚吃這件事讓韓國人大為興奮。到了一九九〇年代，活魚生魚片市場有暴發性的成長，因為當時大比目魚、許氏平鮋等養殖魚類已經可以廉價供應。活魚生魚片餐館在鬧區擴大整修裝潢，這種大型活魚生魚片店成了受歡迎的家庭外食選擇。

活魚生魚片店繼牛排店之後，升格成為「中上階層的食物」。

韓國人在一九八〇年代的西式自助餐中大口吃肉，一九九〇年又在活魚生魚片餐廳痛快吃著生魚片。其實活魚生魚片並不是食用生魚片最適當的方式，但這一點韓國人並不關心，因為在痛快吃著生魚片的儀式中，味道之類的東西一點也不重要。

77

醋飯

초밥

(cho-bap)

醋飯是日帝強佔期日本人帶到韓半島上的食物。解放後將壽司以韓語改稱為醋飯，直到一九八〇年還會夾雜壽司的用語，顯示出韓國人不把醋飯認同為韓國食物的強烈心理。

把飯加入糖醋液攪拌，再將生魚片放上去，這是醋飯的原型。生魚片上加鹽和穀物使其發酵，就成為熟壽司（馴鮓壽司）。從熟壽司更進一步發展出押壽司（押し寿司），做法是將發酵的魚肉放在飯上面押緊。押壽司可說是今日壽司的雛型，這種做法可以使魚肉以新鮮狀態運送、保存，同時也就成為現在的壽司。從醋飯的系統來看，韓國也有類似的食物，那就是米漬魚醬（식해），將魚肉加上鹽和穀物使其發酵，這是兩者的相似點。米漬魚醬有加辣椒醬，這是壬辰倭亂時期辣椒粉進入韓半島後改良的結果。

韓國的醋飯是依照日式的做法，特別是愈高級的壽司店，以及被稱做壽司匠人的廚師，愈有這種傾向。甚至還有廚師將所有食材從日本空運到韓國，以做出和日本同樣的壽司而自豪。很意外的是消費者卻將這種事視為理所當然。一部分韓國人連醋飯的相關用語，都用日文表達。這似乎也算是一種食物的「事大思想（譯註：追隨強者）」吧。

韓國廚師及部分消費者對醋飯所顯示的「卑屈」，反而形成醋飯多樣化及韓國化的絆腳石。只關注在日本流行的主要食材，卻不利用韓國在地食材製作醋飯。

如果壽司無法融入韓國飲食文化裡，只是將名字改稱為「醋飯」，那又有什麼意義呢？

還不如就叫壽司比較好。

紫菜包飯 김밥（gim-bap）

紫菜包飯源自於日本的海苔壽司——也就是源自壽司捲，吃法是在醋飯裡加入簡單的食材，然後用海苔包覆捲起來吃。韓半島的人雖然很久以前就開始吃海苔，但是海苔成為日常食物是在日本佔領韓半島的期間。日本人在南部海岸大舉建造紫菜養殖場，在此地加工為四方形乾紫菜後帶去日本。這種乾燥過的紫菜在韓半島也廣泛銷售，自然而然就發展出像日本一樣用紫菜包飯吃的習慣。

紫菜包飯雖然是流傳自日本，但是以飯的調理方式來看，卻和日本有所不同。日本的海苔壽司用的是醋飯，韓國的紫菜包飯使用的是拌過芝麻油的白飯。還有，日本的海苔壽司裡只會加鮪魚或一片漬物，味道相對單純；韓國的紫菜包飯則會加波菜、魚板、雞蛋、醃黃蘿蔔、紅蘿蔔、牛肉等大概五種左右的材料，味道比較複雜。同樣都是用紫菜捲成圓形的食物，但在韓國與日本的味道卻截然不同。

韓國的紫菜包飯與日本的海苔壽司還有一點更大的不同，那就是在於食物本身的日常化程度。在韓國專賣紫菜包飯的店家很多，即使不是紫菜包飯的專門店，但是在麵食店家有賣，在簡單的日式料理店有賣，甚至在路邊攤也買得到。如果要從單一項目中找出韓國人最常吃的食物種類，紫菜包飯當然是第一名。然而在日本並沒有海苔壽司的專賣店，只有壽司店會賣一些海苔壽司。儘管源自於日本，但是紫菜包飯已經深入固著在韓國的飲食文化當中，因此可以稱得上是韓國食物的代表。

紫菜包飯之所以可以深入到韓國人的日常生活裡，主要是受到野餐習慣的影響。在韓戰後的那段貧窮歲月裡，每逢春、秋野餐時，韓國的母親們都會準備紫菜包飯。沒有辦法準備裝有多種菜色的豪華便當，至少也會做個紫菜包飯，裡面包個魚肉、香腸和雞蛋，對孩子們來說就是一頓大餐。韓國會有這麼多紫菜包飯店，也是拜紫菜包飯所隱含的「在外吃的大餐」形象所賜。

79

拌飯
비빔밥
(bi-bim-bap)

拌飯是象徵韓國的食物，韓國人甚至將民族自尊投射在這一道食物裡，因此大家都熱衷於探討拌飯的由來。雖然拌飯的由來有王室食物說、祭祀食物說、戰爭食物說等等，但這些說法都一樣牽強。韓半島人吃飯配菜的食物組合，已有相當長一段時間，在飯上面加菜一起攪拌，就成為拌飯，這樣的食物還能找出什麼由來傳說呢？

拌飯，可說是在韓半島人一開始吃米飯的同時，就已經發展出來的食物。

韓半島人有時會吃些比較特別的拌飯。像在祭祀時，將準備好的各種豐盛食物加在飯上面攪拌，就成了美味加分的拌飯。尤其當人們發現，把祭祀桌上的素菜與飯一同攪拌後會特別美味，人們就把這種熟菜拌飯視為美食大餐。安東的「假祭祀飯（譯註：指非祭祀時所做的祭祀飯菜。安東一帶有許多餐廳將這道食物取名為「假祭祀飯」，是為了方便平時也能吃到祭祀的飯菜。）」應該是這道食物的原型。在拌飯上再添加一些菜色口味及風味，就發展成當今華麗豐盛的拌飯，這種色澤華麗的拌飯大概是由全州某家餐廳所開發，後來成為全州拌飯的製作標準。

日本佔領時期，就有傳聞說全州的拌飯很好吃，但在當時還不是那麼有名。那時的全州拌飯，是在放豆芽菜所煮成的飯裡再加入各種蔬食，顏色並不華麗。到了一九七〇年，首爾新世界百貨公司開始販售全州拌飯，拌飯神話就此引爆。那個年代還沒有適合做為外食的韓國食物，光僅就百貨公司販售韓國食物這一點，就讓全州拌飯吸引了高人氣。一九九七年麥可傑克森來韓國訪問，報導提及他曾經說全州拌飯好吃，拌飯也同時成了韓國食物的象徵代表。

在海外其他國家的韓式料理店，最受歡迎的拌飯種類是石頭鍋拌飯。石頭鍋拌飯是一九六〇年代全州一處餐廳所開發的食物，主要品嚐的重點不在於蔬食的味道，而是品嚐石頭鍋煮熟食物時所發出的聲響及氣味。所以在韓國人腦海中所刻畫的拌飯味道，與外國人所稱好吃的拌飯實體，兩者是不同的。

炒飯 볶음밥（bo-ggeum-bap）

在朝鮮時代以前，韓半島上的住民還不會做炒飯，因為沒有炒鍋之類的料理器具。炒飯是華僑傳入韓半島的食物，在中國就叫炒飯，是經常做為三餐的食物。

中國的炒飯用的是印度米，有時也稱為安南米。印度米粒較長，黏性低，用這種米炒飯，每一粒都清楚。因為飯粒會散開，可以均匀調味，副食材也能與飯粒充分拌炒，同時將熱氣留在飯裡，所以能煮出美味的炒飯。還有，中國的炒飯基本上是使用豬油，豬油可以增添濃郁的香氣，讓炒飯的味道更加豐富。

韓國的米是蓬萊米種，米粒較圓，具黏性。用蓬萊米煮的飯，飯粒會沾黏在一起，做炒飯時會變成像年糕狀，使醬料無法均勻散開，副食材只集中在一側。在韓國已經很久沒有用豬油，聽說植物性油對身體比較好，很多美味的豬油料理就這樣消失了。韓國的炒飯，也只能視為是很韓國式的炒飯，姑且不論味道如何。

在韓國的中國餐館，會用炸醬來彌補炒飯在米和油的口感及味道的不足。因為炒飯的滋味不夠，所以拌入炸醬一起吃。炒飯加入炸醬攪拌後，取名叫炸醬飯也不會感到突兀，這讓我們見識到即使是同一種食物，也是能夠藉由食材上的差異，變身成不同口味的食物。

81

炒馬麵 짬뽕（jjam-bbong）

一般說法認為炒馬麵是在日本開發出來的中國料理，名字是來自日文，料理方法是來自中國。炒馬麵需要先將蔬菜和海鮮炒過，再倒入高湯煮，所以被認為是中國食物。煮炒馬麵必須要有中國的廚具炒鍋，因此來自中國的說法並沒有錯。和炒馬麵類似的烏龍麵是日本食物，它的蔬菜和海鮮不需要炒過，直接加入煮湯。

炒馬麵和炸醬麵一樣，都是在韓國的中國餐館裡賣得最好的餐點。到了二〇〇〇年，甚至還出現炒馬麵專賣店，一家店可以做出各種不同的炒馬麵。韓國人常吃的炸醬麵並沒有專賣店，炒馬麵卻有，這是很特別的事。即使炒馬麵起源地的日本，也極少專賣店，大多只是把炒馬麵視為拉麵的一種。

韓國的炒馬麵和日本的炒馬麵味道大不相同。日本炒馬麵重視的是如何用蔬菜和海鮮煮出爽口且香氣四溢的湯汁。雖然有加山椒樹的果實——花椒或胡椒等調出微辣，但還不算是辣味食物；韓國的炒馬麵則加了大量辣椒粉，變得又紅又辣，幾乎達到辣口的程度，而且為了中和辣味，連鹹味與甜味也一起加重。因為要趁熱喝湯，所以鹹味和甜味感覺更顯強烈。等炒馬麵的湯汁變涼後再吃，就會發現湯汁的味道有多鹹、多甜了。

炒馬麵專賣店旁邊常有雞腳、速食拉麵、辣炒年糕等小吃店聚集。這代表愛吃這些食物的人常出入的巷子裡，也有炒馬麵等著他們，消費者通常是十幾、二十幾歲的年輕人。炒馬麵、辣雞腳、速食拉麵、辣炒年糕有一項共同點，那就是都很辣，而且又鹹又甜，這些食物同樣都加了化學調味料。從辣炒馬麵受歡迎的現象來看，這點也證明韓國人的味覺水準沒有那麼高了。

糖醋肉 탕수육（tang-su-yuk）

這是韓國人最喜歡吃的中國「料理」。吃炒馬麵或炸醬麵之前，很多人都會先吃糖醋肉。炒馬麵專賣店即使不賣炸醬麵，也都有賣糖醋肉。這道食物是將裹著麵衣的豬肉炸到酥脆，然後沾著酸甜醬料吃，在許多中國料理當中，韓國人唯獨最愛糖醋肉，算是一件奇特的事。

糖醋肉在日帝強佔期的中國餐館裡，和兩張皮一樣都是人氣料理。當時吃糖醋肉或兩張皮時會配白干酒。一九六〇年代開始有家庭外食文化出現，從韓戰的疲憊中稍稍獲得解脫的家庭，生活比以前寬裕一些，所以家長會在子女的入學典禮和畢業典禮、兒童節等日子，帶著家人外出吃飯。家長的立場是想讓家人吃點特別的食物，所以選擇中國餐館。

中國餐館的菜單中，炸醬麵已經算不錯了，不過既然是家庭外食，身為家長總希望排場看起來能稍微虛榮一些。

菜單中能讓孩子說好吃，同時價格又低廉的選擇，就是糖醋肉。

和其他香料味重的中國料理相比，糖醋肉的香氣與甜味較強，是一道連孩子們都喜歡的食物。所以一般人就養成了先點一盤糖醋肉吃，再吃炸醬麵或炒馬麵的中國餐館點菜慣例。

糖醋肉漸漸脫離中國餐館的侷限，成為韓國人的日常食物。傳統市場裡的炸物店賣起了糖醋肉，學校前的麵店也賣糖醋肉。在炸醬麵和炒馬麵還難以跨出中國料理門檻之際，糖醋肉卻能在韓國人的日常食物中佔有一席之地，這是相當奇特的現象。對於日常沒什麼食物能稱得上「料理」的韓國人來說，吃糖醋肉正好能滿足想吃料理的欲望。尤其是在令人高興的日子裡，能和父母一起幸福地吃著中國餐館的料理，更加感到滿溢的香氣和甜蜜的滋味。

豬腳 족발（jok-bal）

把豬肉煮熟沾味噌或蝦醬吃，這是韓半島從很久以前就有的吃法。豬隻部位中的腳會另外分開煮，這就是平常吃的豬腳。至於餐館何時開始賣起豬腳，看起來應該是韓戰以後的事。

雖然豬腳是韓半島上歷史悠久的食物，但是餐館開賣豬腳，卻被認為是受到中國五香醬肉的影響。一九六〇年代出現了加中藥材的豬腳，而且大幅普及，推測可能是因為中國的五香醬肉。五香醬肉是把豬肉放入有加五香及醬油的湯汁裡熬煮而成的。「五香」是五種辛香料，也就是指花椒、八角、茴香、丁香、肉桂。五香的材料是中藥材，以這種料理方式為基礎，再改以韓式做法，把中藥材放入後再拿出來，就成了現在的韓式豬腳。褐色的外表、帶嚼勁的口感、甜蜜的糖漬口味，不論是五香醬肉還是豬腳都非常相似，幾乎到了難以區分的程度。

日帝強佔期已在經營的華僑商人五香醬肉專賣店，在韓半島留下的痕跡已經很模糊了。當時只賣五香醬肉和水餃兩道食物，雖然是中式料理，但外觀卻不像中國餐館，反而像老舊的韓式大眾餐飲店。韓國的平民和軍隊夾雜其中，看起來十足的韓國化。當然，這種餐館裡也有賣五香豬腳。

雖然是依照來自中國餐館的料理法烹煮，如今的豬腳卻在韓國食物中佔有重要的一席之地。

沾味噌及蝦醬，加上用萵苣包起來吃的方式，讓豬腳顯得更加韓國化。豬腳店裡也沒有任何看起來像中國食物的標識，這是因為豬腳原本就是韓半島過去已有的食物，只不過是借用部分的中國料理烹調方式，所以才可能這麼做。

斑鰩
홍어
(hong-eo)

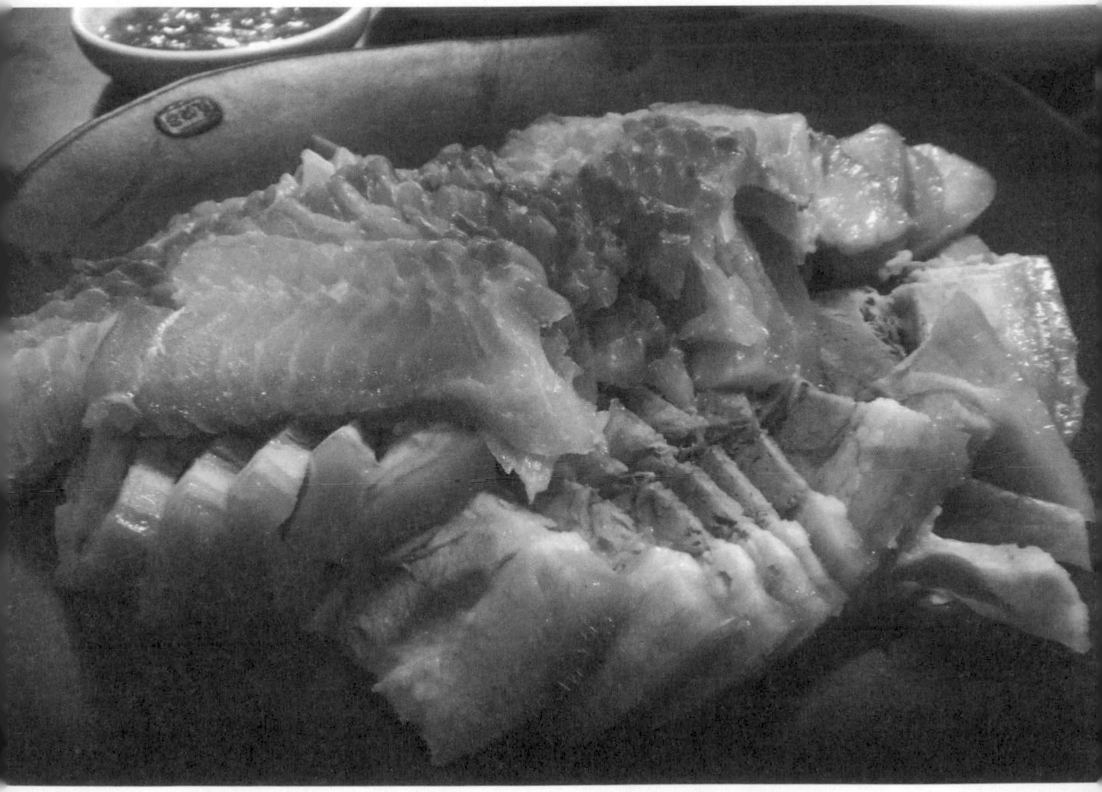

斑鰩（譯註：中文常翻成洪魚，為韓語漢字音）是捕抓放置後，會產生氨發酵的魚。斑鰩皮膚含有尿素，發酵是由尿素所產生，也因為能夠發酵出氨，所以味道雖然刺鼻，卻有防腐的功用。在斑鰩漁獲量高的全羅南道海岸地區，很多人愛吃醃過的斑鰩生魚片。這一帶認為斑鰩生魚片是最美味的食物，但外地人卻認為這只是當地人吃的奇特食物。斑鰩生魚片在首爾還是有人吃，但其他地區還是覺得它的味道太奇特，所以賣斑鰩生魚片的餐館並不多。

韓國社會認為斑鰩就代表全羅道，甚至只要有人說愛吃斑鰩生魚片，就會立刻問對方故鄉是不是在全羅道。

如果是故鄉在慶尚道的人說愛吃斑鰩生魚片，還會招來奇異的眼光。出身全羅南道木浦的前總統金大中特別愛吃斑鰩，聽說在留英期間還曾經空運斑鰩來吃。以地域情感強烈的韓國狀況而言，這個故事更加強化了斑鰩代表全羅道的形象。而地域情感濃厚的慶尚道人，對斑鰩就會帶有排斥的心理。

將斑鰩生魚片加上陳年泡菜和熟豬肉一起吃，這道食物稱為「三合」。三合的名氣，是在一九九〇年傳開的。以前的斑鰩生魚片店，是將醃過的斑鰩沾粗鹽吃，再配上一杯馬格利酒的立飲酒吧型態，旁邊有的會擺陳年泡菜，有的會擺熟豬肉。將斑鰩生魚片冠上「三合」的名字後，斑鰩開始具有不同的風格，搖身一變成有品味的料理，而且升格為高級食物。在此同時，老舊立飲酒吧的斑鰩生魚片也在大量消失。全羅道人粗獷的情感不見了，如今改頭換面成高級餐館的乾淨斑鰩三合，看起來像是博物館裡的仿古遺物，只能遠遠地感受它透出來的氣味。

85

起司 치즈（chi-jeu）

起司對韓國人來說，是「西方人喜歡的、那個味道很重的東西」。反過來說，韓國人也認為西方人會把泡菜想成是「韓國人喜歡的、那個味道很重的東西」，所以拍照時，韓國人不說「CHEESE～」，改成說「KIM-CHI（泡菜）～」。在幫西方人拍照時，韓國人會特別強調「KIM-CHI～」，不過說「KIM-CHI～」時的嘴角，並不會比說「CHEESE～」時更高，笑容也不會更燦爛。雖然如此，韓國人還是堅持要說「KIM-CHI～」，這樣做除了是想表現民族自尊外，另一方面也顯示韓國人對起司本能的排拒。

韓國人無法適應起司的發酵氣味，覺得味道很像腳臭味。所以天然發酵的起司在韓國賣得不好，消費者只買有加煉乳之類的加工起司。一提到西方食品，韓國人常會認為很高級，尤其乳製品起司，更被視為是健康食品，唯獨對天然發酵起司無法接受。一九九〇年在首爾江南區一帶，出現賣瑞士乾酪火鍋的起司食品專賣店，不過家數並未擴大增加，這也是因為對起司多少還帶些排拒的心理所致。在紅酒流行當時，需要有天然發酵起司當下酒點心，但一般人也只有喝紅酒時才會買天然發酵起司，需求一樣沒有擴大到日常食物裡。

發酵食物必須從小開始吃，才能真正了解它的味道，長大後自然會去找來吃。韓國人認為起司對身體有益，經常買給自己的小孩吃，但是仔細看幼兒吃的起司，全都是加工品。給孩子吃的是裡面加了各種香料，和起司原本味道已經差很多的起司，等孩子長大以後，當然不可能會找發酵起司來吃。當我們想對西方人說：「不是『KI-MU-CHI～（譯註：泡菜的日文發音）』，要說『KIM-CHI～』」時，韓國人也應該要了解他們大喊「CHEESE～」時的心情。而且必須先了解起司的味道，才能了解他們的心。

火腿 햄（haem）

韓國人很愛吃火腿。煮火鍋和煮拉麵時會放，做紫菜包飯時也會放，連祭祀食物的烤肉串上都有火腿。依照這種程度來看，火腿幾乎可以說是已經韓國化食物。不過韓國人喜歡吃的火腿，是加了許多人工香料的加工火腿，這種火腿和 Ham 原意所指「豬後腿肉自然熟成」的火腿，有很大的不同。自然熟成的火腿一般稱為「生火腿」，西班牙語稱「Jamón」，義大利語則稱為「prosciutto」。

韓國的豬後腿肉相當充裕，由於這個部位的肉質較厚重，所以很少人吃。不過西方的情況卻不一樣，他們將後腿肉製成火腿，而且價格昂貴。一九九〇年代，韓國的食品公司試圖利用後腿肉來研發生火腿，可惜未能成功打入市場。到了二〇〇〇年，因為必須設法處理過剩的後腿肉，畜產研究機構只好持續投入生火腿的研發，參考對象是西方的生火腿，同時設定目標要打開西式食物的市場。只不過進口的生火腿市場不大，這樣的開發方向並不正確。

在朝鮮中期的著作《增補山林經濟》中，記載著朝鮮的生火腿製作方法。這裡提到了「臘肉」。

整塊新鮮豬肉晾乾（在煮小麥水裡燙過）。一斤肉使用一兩鹽，攪拌後放入甕缸裡，每二～三日就翻一下。經過十五天後，浸在食醋裡一、兩天，再從甕缸裡取出。先用之前浸泡的水洗淨，然後掛在不會產生霧氣的潔淨房間裡。經過二十天後，似乾未乾時，再以舊紙包起來放進大甕缸裡，和除去灰汁的餘灰交錯疊放，然後蓋上蓋子，放置在陰涼處。這樣保管後，即使經過一年，還是一樣新鮮。（參考易讀的農村振興廳譯本）

韓國人在理解飲食文化時，會先在腦海裡浮現食物的傳播方式。所謂傳播方式，是指食物先由哪個地方發明，後來哪個地方接受承襲。但是卻忽略了當各地生產的食材和器具相同或類似時，即使不曾交流，兩地的食物還是可能具有高度的相似性。可見韓國依然殘存著「事大」思想。

披薩 피자（pi-ja）

韓國的披薩是由美軍部隊引進的。一九七〇年代的首爾江南地區，在開發熱潮下，出現一群所謂的暴發戶。他們吃著從美軍部隊背後取得的食物，藉以誇耀身分。當時披薩也是從他們手中傳開來的，那是用厚實的餅皮加上油膩重鹹調味的冷凍披薩。因為不知道披薩的來源，樣子又與派餅相似，所以那時候把它稱為「披薩派」。

一九七〇年代末的首爾到處都有披薩店，但是不怎麼有人氣。消費者認為那些披薩像是來自美軍部隊，不是正式來自美國本土。一九八五年美國的披薩連鎖店必勝客、Pizza Inn 打入首爾，這些店是擁有寬敞廚房設備的大型賣場。乾淨明亮的西式裝潢，很快就吸引韓國年輕人的心。即使是過於油膩重鹹的起司，大家也覺得好吃。

當時從首爾象徵富有的社區——漢南洞和狎鷗亭洞開始，很快速地拓展領域，到達大學路、明洞等年輕人聚集的街道。

到了一九九〇年代，市場出現與美式披薩競爭的店家。這些店家說披薩是義大利食物，自己賣的披薩都是依照義式做法製作。餅皮變薄了，配料也都調整為適量，甚至還出現了窯烤的義式披薩。不過這種傳統的義式披薩並未大幅擴張。因為韓國人已經對油膩重鹹的美式披薩上癮了。

二〇〇〇年代以後，廉價披薩打入社區的每個角落，許多韓國連鎖品牌則是竄起又消失。已經超過三十年的披薩熱潮，至今方興未艾。從這股熱潮的另一面來看，極為低廉的成本扮演了最關鍵的角色。有人說沒有比披薩利潤還多的生意，但韓國人依然樂於支付膨脹的「泡沫」，津津有味吃著披薩。因為這是從美國來的披薩，所以能無視於它的高價與難以入口，繼續開心吃著。

漢堡

햄버거

(haem-beo-geo)

漢堡在韓國社會是「junk food」的象徵，「junk food」的意思是指「垃圾食物」。韓國成年人對於患有肥胖及糖尿病等青少年的健康狀況，不斷釋出憂慮的訊息，並將危害青少年健康的元兇之一指向漢堡。但是從來沒聽過，漢堡的消費量有因此減少。大家只看到麥當勞等漢堡店，生意依然興隆。

漢堡在韓國一開始並不是垃圾食物。一九六〇～一九七〇年時，漢堡還曾經被推廣做為家常食物。當時韓國政府推行「混粉食獎勵運動（譯註：韓國政府因稻米產量不足，而在一九六二年推行的『獎勵混食麵食』政策）」，提到可以方便在家吃的食物時，大家想到了漢堡，甚至還歡迎能多開些漢堡店。大家認為漢堡是既方便，營養又均衡的食物。那時候的漢堡店被稱為點心屋（Snack House）。

一九七九年在首爾小公洞開了第一家賣美式漢堡的速食店——儂特利（LOTTERIA）。到了一九八〇年，漢堡王、麥當勞、溫蒂等美式連鎖速食店一舉攻佔韓國。

曾被譽為是簡易健康食物的漢堡，四處泛濫可見，這時的社會氣氛也開始有所轉變。

特別是有項傳聞，說美國漢堡連鎖店先賺取韓國人口袋裡的錢，然後再寄到美國去，脈絡就像以前傳聞解放後，中國人來開中國餐館，最後把賺到的錢寄到中國一樣。此外，有關歐洲反對美國連鎖速食店的行動報導，也一直沒有間斷。

到了一九九〇年代，韓國社會看到年輕世代從小不懂韓國傳統食物的美味，引發要求反省的聲浪，當時大家就把元兇指向漢堡，當然也有人提到披薩、炸薯條、炸雞、可樂等食物，接著漢堡就被貼上韓國飲食之敵——「垃圾食物」的標籤。在韓國很難找到一種食物，剛開始被認為簡便又健康，卻在短時間內變成了不該吃的垃圾食物。而且有一點需要密切注意的，那就是這兩種對立的詞彙，竟然同樣出自於韓國的食品學界。

89

可樂 콜라 (kol-ra)

美軍和可樂向來形影不離，在韓國的土地上也是如此。參加韓戰的美軍帶著可樂來到韓國，最早的可樂，就是從美軍福利社帶出來販售的。當時在韓國的清涼飲料有汽水工廠生產，是在日帝強佔期蓋的，工廠後來繼續維持運轉。汽水是帶有萊姆香的甜味碳酸飲料，因為顏色透明，很容易看出是什麼口味，但可樂不一樣。這個黑色的飲料散發出撲鼻的獨特氣味，韓國人是第一次聞到這種味道。

一九六〇年代韓國生產的可樂首度上市。有SC可樂、Speci可樂等二十多家廠商生產可樂。Speci可樂後來改名為七星可樂，之後取得百事可樂授權，再改名為百事可樂。一九六八年可口可樂透過韓國公司備置了生產設備，即便是這個時期，可樂市場的規模依然不大，因為買得起清涼飲料喝的韓國人並不多。一九八〇年代的速食市場快速成長，可樂的需求也隨之增加。人們的認知是吃漢堡、披薩、炸雞一定要配可樂，這些食物和可樂也成了韓國年輕人的一種象徵。

一九九八年擁有可口可樂授權的汎洋（Bumyang）飲料因為對美國可口可樂總公司不滿，自行推出了獨資的可樂品牌，那就是「可樂獨立八一五」。當時韓國正面臨金融風暴危機，所以韓國人對於能刺激民族情感的可樂獨立八一五，都給予熱烈支持。不過這股支持的熱潮並不長久，有傳言說它的味道不如可口可樂，人氣很快就因此退散。雖然這個例子可能被解讀為人們在選擇食物時，味道比愛國心更重要，但是不可否認，可口可樂公司當時為吸引消費者而推出的行銷策略是成功的。可樂的味道並不像人們所想的一樣有那麼大的區別。可口可樂總公司傳遞給消費者「可口可樂更好喝」的訊息，讓消費者產生這樣的感覺，經由消費者的互相討論，確立了「可樂，就是要喝可口可樂」的印象。清涼飲料這種東西，行銷確實比味道還重要。總之因為那件事，可口可樂在韓國人心中更加深植了「好喝的可樂」形象。

咖啡 커피（keo-pi）

舊韓末期的高宗是咖啡狂。帶咖啡給高宗品嚐的人，是一個名叫孫鐸的德裔俄羅斯女子。那時沒有即溶咖啡，喝的是原豆咖啡，不過沒有濃縮咖啡機，也不是手沖技術成熟的時期。高宗只是放一點咖啡粉裝在銅碗裡，煎煮來喝。咖啡豆應該不算新鮮，高宗喝起來想必苦澀萬分。自己的王國正在崩塌，加了糖水也不覺得甜，高宗喝的時候，可能也不知道苦的到底是咖啡，還是自己的味蕾。

日帝強佔期的咖啡，是追求時髦的知識分子用來填補感性虛榮的飲料。連小說中帶有濃郁地方情感的李孝石（譯註：一九〇七年～一九四二年，韓國江原道平昌人，韓國短篇文學著名作家），在燃燒落葉的同時，也一邊說出：「散發剛炒好的咖啡味」。坐在茶房裡喝咖啡，是日帝強佔時期的知識分子必做的事。

參加韓戰的美軍，帶著即溶咖啡來到韓國的土地上。這些即溶咖啡從美軍福利社流出，經由跑單幫的大嬸手中散布到一般平民的家庭裡。家中沒有茶杯，只能用大碗泡咖啡，雖然看起來像在喝鍋巴湯，但還是覺得很酷。一九七〇年東西食品公司生產韓國第一包即溶咖啡，同時也生產這款即溶咖啡專用的假牛奶——奶精。一九八〇年代出現條狀包裝的即溶咖啡，韓國彷彿成了只有即溶咖啡，找不到現煮咖啡的國家。

一九八八年星巴克來到韓國。雖然業者遭到批評，被指為把低價咖啡以紐約客風格包裝後抬高價格，但是在改變韓國以即溶咖啡為市場大宗的現象上來說，星巴克卻發揮很大的影響力。繼星巴克之後，許多現煮咖啡店因應而生，韓國人也逐漸體認到，咖啡並非只是帶有苦味的飲料。咖啡踏上韓國土地雖然已經超過百年，不過努力想嘗試了解咖啡真正的味道，卻是最近的事。

韓國人算是很可憐，雖然比高宗好一些。

91

紅酒

와인

(wa-in)

韓國的紅酒以一九九五年為轉捩點，一夕間變成重要的酒類。所有媒體像是約定好一般，異口同聲鼓吹韓國人必須要懂紅酒。如果有人說不懂紅酒或不喝紅酒，彷彿就會被當成未開化的人。到處都有以紅酒派對為名的紅酒講座，薄酒萊上市時，也會舉行大規模宴會來吸引人潮。紅酒市場在短時間內大舉拓展，這是紅酒產地國和紅酒廠商、媒體三者所合力奏出的凱旋歌。

韓國人認為對於紅酒所必須了解的內容，大致有這幾項：紅酒產地的歷史和土地、從氣候到葡萄的品種、生產年度的收成狀況、是否為下霜後採收等的採收方式、是否破皮、是否去籽、使用哪種發酵桶等的發酵方式、各地方為什麼有不同的酒瓶外觀、看懂AOC（譯註：法定產區葡萄酒）等標籤資訊的方法、紅酒專家的評論等等，以上是有關紅酒選擇的資訊。等到要品嚐紅酒時，還必須累積足夠的素養，以使能吟誦出像一篇大河小說長度般的紅酒故事。除了對紅酒的味道元素與香氣有所理解外，也必須有觀察紅酒的顏色美學。此外還要研究使紅酒與空氣交流的「醒酒」，這是將酒倒入杯中輕晃以增添香氣的方法；甚至還要了解適合搭配紅酒的食物。總之要學的東西一樁接一樁。

不知法國的情況如何，但至少在韓國，懂紅酒不代表清楚紅酒的味道，只能稱得上是了解紅酒所隱含的資訊與紅酒龐雜的故事。

因此紅酒被認為不是拿來「享用的酒」，而是用來「學習的酒」，紅酒儼然成了像學歷考試題目般令人刺眼的存在著。也因為這樣，紅酒市場很快就轉為冷淡。到了二〇〇〇年底，紅酒的消費開始全面性減少。

不過韓國紅酒消費量減少一事，可能引不起紅酒產地國太多關注，因為巨大的中國正在嘗試接受紅酒的味道。這裡需要回想一件事，那就是韓國紅酒市場急速成長的當時，日本紅酒的消費也正萎縮到一個勉強支撐小康的局面。很快地，韓國的紅酒也會變成不再受到重視的酒。

啤酒 맥주（maek-ju）

日帝強佔期的啤酒是「時髦生活」的象徵。走在流行尖端的人，會在Beer Hall一邊配合樂隊的節奏，跳著吉魯巴、探戈之類的社交舞。那是一個與舞廳混合的空間，這種啤酒館的傳統一直到光復以後還有，不過名字已經「單純化」改稱為啤酒館（맥주홀）。韓戰後社交舞逐漸褪流行，大家跳的是美軍引進的扭扭舞之類的舞步。到了一九七〇年，啤酒館變成go-go舞池，一九八〇年變成Disco舞池，從一九九〇年代起名稱又改為俱樂部（클럽），這是戰後的啤酒館演變脈絡。在俱樂部隨著電子音樂跳舞的二〇〇〇年代年輕人，或是日帝強佔期跳著吉魯巴的男孩，他們手中都會拿著啤酒。啤酒對韓國人來說，是具有長久傳統的遊樂酒類。

一九七〇年代出現了啤酒屋，這是走出遊樂啤酒館的年輕人所去的生啤酒屋。生啤酒屋裡沒有熱舞，也沒有女人，在這裡大家可以一邊喝著便宜的啤酒，一邊聊天討論。吉他、長髮和生啤酒屋，成了一九七〇年代年輕人的象徵。這裡是朴正熙長期高壓政策下的一個出口，美國的嬉皮精神成為生啤酒屋的主要符碼。到了一九八〇年代以後，生啤酒與搖滾樂結合，大學街附近出現了搖滾咖啡。遊樂的酒變身成為反抗的酒。

在一九七〇～一九八〇年代度過青年時期的中年韓國人，總是喜歡去生啤酒屋展開第二回合的小酌。第一回合飲酒會先喝燒酒提高酒意，通常這時會專心吃東西，不會聊太多。接下來第二回合，就會在生啤酒屋製造「我們現在來聊內心話」的氣氛。從國內政治到遙遠的宇宙，各種話題都能成為討論的主題，前面也會同時堆滿空啤酒杯。對韓國人來說，能有生啤酒當「討論的酒」，真是一件幸福的事。

魚乾 쥐포 (jui-po)

因為是剝皮魚（譯註：全名為「學絲背冠鱗單棘魨」）的肉乾，所以應該叫剝皮魚乾，不過韓國人一律都稱做魚乾（쥐포）。做法是將單棘魨科的魚類調味後製成乾，這也是韓國人最喜歡的零食和下酒菜之一。

在韓國開始吃魚乾，是一九六〇年代末的事。原本是要加工出口到日本的魚乾，有些流入到韓國國內市場，然後慢慢擴散。釜山、統營、麗水等地均有魚乾加工廠，這一帶的居民看到木箱裡堆著包裝高級的日本出口用魚乾，都覺得新奇。像魚乾這樣將魚肉調味製成乾的食物——也就是魚脯，日本從很久以前就有這種吃法。魚脯加工技術在日帝強佔期傳入韓半島，所以魚乾很可能在一九六〇年代前就已經出現在韓半島。

魚乾在一九七〇年代左右成為大韓民國的主要零食，當時市場及街頭攤商突然用魚乾大量舖貨。有一說是出口日本用的魚乾因為品質不佳收到客訴，那些不合格的魚乾轉為銷售國內，這是國內大量流通的開始。到了一九九〇年代，國內剝皮魚的漁獲量驟減，魚乾的價格水漲船高。因為國內有需求，於是韓國商人跑到越南和中國生產魚乾，再銷回到韓國。韓國從魚乾出口國變成了魚乾進口國。

魚乾是在剝皮魚肉上添加多種調味料，使其定型，然後再加入糖和鹽製成。化學調味料的含量不低，魚乾生產者說如果不放化學調味料，消費者會覺得沒味道而不想吃。韓國人喜歡吃魚乾有三個理由：第一是有耐嚼的口感；第二是烤魚乾時所散發的獨特香氣；第三是剝皮魚肉的烘烤香氣與砂糖微焦的甜味結合時所散發的奇妙味道，這個味道撩動了人們原始的欲望。化學調味料在這裡扮演發動香氣的角色，大幅提升魚乾的味道，韓國人的食性偏好鹹甜滋味的食物，所以魚乾可說是符合韓國人口味的一道食物。

爆米花 팝콘（pap-kon）

韓國的電影院裡一定有爆米花，其他地方就看不到了。不過有種食物和爆米花很相似，那就是傳統市場或路邊賣的韓式爆米香（옥수수뻥튀기），爆米香會用大塑膠袋裝起來在路邊販售。這兩種食物同樣是玉米膨發食品，但是給人的印象全然不同。爆米花呈現的是洗練的美式生活風格，爆米香則是韓國本土生活的象徵。

早期的電影院門口除了賣爆米香之外，還會賣魷魚、炸蕃薯、魚乾、烤栗子等。買完這些零嘴後，人們就帶進電影院裡邊吃邊看電影。一九七〇年代後，加奶油或人造奶油膨發的爆米花開始出現在電影院門口和遊樂區，那時還沒有看電影一定要吃爆米花的「規則」。一九九〇年代出現複合式電影院，也就是所謂的「影城」，這時電影院開始介入觀眾看電影時該吃什麼這件事。他們祭出「規定」，說只能帶電影院裡販售的食物進場。在此同時，電影院開始全面販售起爆米花。

這樣做的理由，並非在於看電影時搭配爆米花會更好吃，所以鼓勵大家買，而是在於爆米花比其他零食的利潤高，電影院得以用生產成本的十倍價格販售。

韓國電影院的爆米花，不是從前那種用奶油或人造奶油膨發、香濃微鹹的爆米花，而是表面沾了糖衣的香甜爆米花。

這是不沾手的糖，像是做糖果用的山梨糖醇（sorbitol）那種糖。剛吃到嘴裡時覺得甜，但吃完時的後味卻不怎麼爽口。

韓國社會的市場受到大資本蠶蝕，連在電影院裡吃的食物都要插手，干涉什麼能吃，什麼不能吃。電影院雖然是外觀看似精緻的文化空間，其實內涵只是精於計算的勢利者為豪奪消費者口袋而裝飾的空間。爆米花呈現的所謂洗練美式生活風格，大致上就是如此。

馬卡龍
마카롱
(ma-ka-rong)

二〇〇〇年代後半韓國突然流行起馬卡龍。馬卡龍是法國甜點，先以麵粉加入雞蛋白、美麗的糖霜、杏仁粉攪拌，做出酥脆柔軟的「泡泡餅乾」，烤過後再將各種香甜的奶油內餡擠入餅乾中。這是西方人常吃的甜點，原本會搭配咖啡和紅茶一起吃，後來分離出來單獨販售。

韓國的餅乾類型都跟著日本走。如果有某種餅乾在日本看起來很流行，韓國在二～五年間就會引進那種餅乾。而且不只餅乾，連賣場的裝修也都完全複製。

在馬卡龍進來韓國之前，韓國是複製瑪德蓮蛋糕；在瑪德蓮蛋糕之前則是抄襲鬆餅。

馬卡龍業者形容的好像是「直接進口」的商品一般，在日本流行馬卡龍時，也曾經吵過直接進口的話題。可說是連行銷手法都是複製日本的。

餅乾類食物的傳播路徑，從日帝強佔時期起就是依循歐洲、日本、韓國的模式。韓國人看到日本引進歐洲的商品，然後以自己的方式詮釋而成功行銷，所以韓國也想抄襲這樣的模式。連手工餅乾或點心類的工廠餅乾，也都照著做，所以日本和韓國的餅乾可說是沒有國界。很多韓國中壯年齡層的人，在日本看到還保留有自己過往回憶的蝦味先、泡麵煎餅、花生山等零嘴時，都非常驚訝。

韓國馬卡龍賣場最多的地方，是在百貨公司的地下美食街。百貨公司的美食街明明是在韓國，但是幾乎所有速食食品和餅乾類食品，都是複製日本的百貨公司。賣場的裝潢都一樣，甚至連員工的制服也完全相同。如果沒看到新世界、現代百貨公司等招牌，如果跟日本人說這是日本的百貨公司，他們可能都會相信。韓國人常以日本的韓流自豪，而韓國卻是完全生活在日流之中呢。

泡麵 라면（ra-myeon）

韓國被稱為「泡麵共和國」，因為每人的速食麵消費量為世界第一，嚴格來說應該稱為「速食麵共和國」。速食麵是從日本流傳過來的，一九六三年的三養拉麵是始祖。這種速食麵成了勞動者的平價糧食，同時也成為建構在低薪資基礎上的韓國、高度經濟成長神話的動力之一。韓國被稱為「速食麵共和國」，其實並非只是依據消費量來看而已。

到了一九九〇年，日本拉麵進入韓國。拉麵可說是速食麵的原型，不過當韓國人看到拉麵後，還是不免感到困惑。雖然知道速食麵是從日本傳來的，但日本人比較喜歡吃的卻是拉麵，而且拉麵的味道與速食麵截然不同。對韓國人來說，拉麵的味道較為油膩混濁。一九九〇年在韓國新開的日本拉麵專門店，大部分不為客人所接受，最後只能關門歇業。即使到了二〇一〇年代的今天，韓國人依然無法適應這種拉麵的味道。所以相較於其他日本食物，拉麵在韓國一直無法大幅擴展，到後來乾脆出現口味韓國化的拉麵店。

拉麵在韓國被視為日本食物，但在日本卻被當成中國食物，因此常可看到日本的拉麵店掛著紅底布條，上面寫著「中華風」的字樣。所謂飲食文化，與訊息接收者的視角有密切的關聯，而非以訊息發出者為中心去思考，所以會有上述情形發生。

中國、日本、韓國在數千年間相互影響，這三個國家的食物也都互有交流融合。近代因為發生日帝併吞韓國、侵略中國，以及中國共產化、韓半島分裂等事件，使得三國間一度反目成仇。尤其韓國，因為經歷過日帝殖民和國家分裂的經驗，使得韓國無法將這兩個鄰國當成真正的鄰居。只有當三國的層峰可以擺一碗各自國家的拉麵在眼前，互相確認彼此具有相似的口味時，才有可能真正對亞洲式的生活圈展開討論。

義大利麵 스파게티（seu-pa-ge-ti）

義大利麵食通稱為 Pasta，Spaghetti 指的是其中麵條模樣細長的義大利直麵。在韓國所吃的義大利麵食，也是以 Spaghetti 居多，所以常用 Spaghetti 通稱義式麵食。

在韓國有兩種義大利麵。一種是麵食店等大眾飲食店賣的義大利麵，另一種是義式餐廳賣的義大利麵。換句話說，就是有非專門的義大利麵和專門的義大利麵兩種。

韓國人開始認識義大利麵，是一九八〇年代的事。當時賣炸豬排、牛排漢堡的西式快餐店，也開始賣起義大利麵，做法通常是淋上又鹹又甜的蕃茄醬。乾式義大利麵的做法很簡單，把義大利麵條煮熟，再加上蕃茄糊或蕃茄醬攪拌，就完成了。橄欖油當時很貴，所以無法採用將煮熟的麵條放入平底鍋拌炒的料理方式。也因此一般人家裡常煮義大利麵來吃，而且總認為義大利麵的做法和韓式拌麵差不多。

一九九〇年代出現了將義大利麵定位成高級餐廳的餐點，特別是大飯店的餐廳，也開始推出「正宗義式義大利麵」。這時還出現一些以簡單義大利語命名的義式義大利麵專賣店。到了二〇〇〇年代，義大利麵再也不是任何人可以隨意做的料理了。在義大利學過「正宗義式義大利麵」的廚師大量歸國，他們強調義大利麵應該稱為Pasta，而不是Spaghetti，所以採用了不同的名字。他們在餐廳的牆上掛了義大利烹飪學校的畢業證明，還有與當地廚師的合照。他們通常年輕，外表長得好看，穿著打扮就像留學回國的富家第二代。此時的義大利麵突然擠身成為高級餐點。

義式麵條在義大利是屬於大眾化的食物，它稱不上高級，也不需要複雜的烹飪技術，是一般大眾可以隨意做來吃的食物。韓國的義大利麵原本也是定位成大眾化的食物，但是卻被留洋過的廚師改變為用來填補虛榮的食物。因為這些精於計算的廚師們明白，韓國人會欣然地打開口袋去填補內心的虛榮。

自助餐 뷔페（bui-pe）

Buffet（뷔페）是法語，這是「將各種食物擺放在大桌上，由客人自行選取食物食用的餐廳。」韓國人並不關心這種類型的餐廳在法國多不多，以及它是否來自法國的外食文化。用比較極端的說法，這就是一處「付定額的錢，卻可以盡情吃到飽的空間。」

直到一九七〇年代為止，自助餐還只是飯店舉辦宴席時特地準備的餐點。當時沒有獨立設置自助餐廳，自助餐規模是依照活動邀請的賓客人數準備。到了一九八〇年代，自助餐廳從飯店（特一等五星級飯店除外）獨立出來。客人先在飯店舉辦婚禮，然後再到飯店的自助餐廳辦婚宴。這股風氣很快就蔓延到一般的結婚儀式場合。一般人的經濟狀況好轉後，婚禮辦得比以前更為奢華，結婚儀式場合也隨之大型化，自助餐廳就直接進駐到結婚儀式場合裡。為了吸引曾在結婚典禮中品嚐過自助餐「吃的樂趣」的消費者，大眾餐飲店型態的自助餐也在此時因應而生。

到了一九九〇年代，自助餐成了家人外食及上班族聚餐的場所。有吃肉吃到飽的自助餐，有吃海鮮吃到飽的自助餐，也有喝酒喝到過癮的自助餐。此外，還有年輕人和小孩子喜歡的外國品牌自助餐，不僅食物，連裝潢及服務生的服裝都是西式風格。色調華麗又不失可愛的裝潢，看起來不像餐廳，反而比較像遊戲公園，服務生也配合表演起「秀」來了。當客人有值得祝賀的喜事時，服務生就會圍站在客人前面，以唱歌和跳舞做為禮物。

二〇一〇年代的韓國人已經不太喜歡去自助餐廳，因為大家察覺到那裡食物雖豐盛，卻缺乏誠意且無味的事實。大家也體認到，以相同價錢準備幾樣好吃的食物，會更有意義。

歷史上韓國人有很長一段時間吃不飽，自助餐短暫出現，彌補大家吃不飽的遺憾。如今任務結束，自助餐也正在慢慢退場中。

有機農 유기농（yu-gi-nong）

農藥和化學肥料在韓國的農業及糧食問題上，帶來革命性的改變。過去農民只能靠勞動去對抗雜草及害蟲，以及從大自然中汲取肥料，對農民來說，農藥和化學肥料是工業化的最大禮物。農民的勞動因此減少，作物產量提高，生產者可以供應更便宜的食物，所以對都市消費者而言，同樣也將農藥和化學肥料視為重要的禮物。一九七〇年代韓國有農民開始注意到，這些禮物是有問題的。當時日本正在流行自然農法，這股風潮也開始吹向韓國的土地。到了一九八〇年代，自然農法和有機農法等名詞瞬間傳開，經濟狀況較好的一些人開始尋找有機農。

韓國的有機專門業者圃美多（풀무원，Pulmuone）大約在這個時期創業，圃美多的第一家賣場就設在首爾江南的富有社區裡，這也象徵有機農業

在韓國消費市場佔有什麼樣的位置。人們被迫深植有機農產對健康有益，所以必須付出更高代價購買的觀念。並非所有的有機農都付出很高的種植成本，但有機農已經成為「高價格的農業」，因此有機農產無法進入一般市場，這也導致有機農民面臨農產賣不出去的困境。幾家專門的流通業者和合作社掌握了有機市場，聽說還發生過有機農產出貨價格不如慣行農產價格的情況。即使狀況有所反轉，有機農產的消費者還是認為自己的消費行為符合倫理，因為有機專門業者和生活消費合作社並未告知他們這些資訊。

韓國消費者認為，有機農業被包裝成「有錢人的倫理消費」。

但是對農民來說，有機農業是「通路有限，只能任銷售者擺佈的農業」。

韓國農業的悲劇，就在於消費者認為自己是為了幫農民，但結果卻沒有發現自己正在掠奪農民。

政治 정치（jung-chi）

政治是分配誰能吃什麼食物的行為。誰多吃，誰少吃；誰吃比較好，誰吃比較差，都是由政治決定。不過韓國人似乎認為食物與政治無關，甚至在吃東西時，會說不要討論讓人頭痛的政治話題。

韓國的食物流通是由大企業經手，他們以流通的合理化為由，針對食物訂出規格化的大量生產、大量流通計劃，再以低廉的價格賣給消費者。最具代表性的例子，就是一家大型流通廠商「통큰」（Tong-Keun）」系列推出的食品。以消費者的立場來說，選擇大企業通路供應的便宜食物，看起來是最經濟、合理的選擇。不過在選擇大企業的便宜食物那一瞬間，消費者也等於接受了大量生產、大量流通的財團中心資本主義體制。這一類消費者可視為政治上的右派，且對於新自由主義持肯定的態度。

有的消費者重視勞動價值，拒絕資本所規劃的食物。這一類消費者會探究自己吃的食物是由誰生產，以及食物從哪裡來。他們會去了解，自己支付的錢是否有確實轉達給生產食物的農民和勞動者。不管是公平貿易還是公平交易，都是這樣的食物流通型態。這種型態的消費者會被視為左派，而且相對推崇社會主義。

有人希望食物選擇的問題，應當被解讀為與政治無關。

這些人多半是目前透過食物流通而獲得利益的人。從二〇一〇年代韓國的狀況來看，他們是以財團為中心的資本主義社會裡的經濟強者，同時以這個身分主宰一切。他們屬於右派，推崇新自由主義。為了營造對自己有利的政治環境，他們將可以獲利的食物做去政治的包裝，像是「合理便宜，一般人都吃得起」。因為降低價格而導致減少的獲利，他們會把這些成本隱藏到農民和勞動者的血汗裡。

要讓韓國人明白「吃即是政治」這件事，恐怕還需要很長的時間。因為想使大家以為吃與政治無關的人，正是韓國社會中握有實際主導權的人，而有意挑戰他們主導權的聲音實在太微弱了。

© 박대성

韓國飲食的全球化之路

在二〇〇〇年韓國飲食的全球化成為焦點話題。政府積極出面提出各項政策，要推動韓國飲食全球化。政府努力使世界各地的人認識韓國飲食文化，藉此提高國家形象，每個韓國人當然都樂觀其成。

但是要推廣到世界各地的所謂「韓國飲食」，指的是什麼？對於它的定義和範圍，有必要加以研究，也就是說全球化的對象應該要更明確。這個問題是我參加各種韓國飲食全球化的活動同時，腦海中所浮現的疑惑。例如，當象徵朝鮮王室的食物——神仙爐，和一九六〇年代開發的平民食物——辣炒年糕擺在一起時，我就會有這樣的困惑。

所有韓國人吃的食物，都叫韓國食物？

二〇一〇年由韓國食品研究院和延世大學共同進行的《韓食全球化願景及策略——韓食行銷模型》研究中，曾將韓國食物做出如下的定義。

用韓國傳統使用的食材及與其類似的食材，以韓國固有的調理方式或與其類似的方式所烹煮出來的食物，是被創造、發展、傳承為具有韓國民族的歷史文化特性，且符合生活條件的食物。

這段話在學術上或許是很傑出的定義，不過對在現場創造飲食文化，推廣韓食全球化的人來說，卻是相當模糊的定義。它的問題在於，如果按照這段定義來檢視目前韓國人吃的每一道食物，那幾乎沒有一道不是韓國食物了。

所謂的食材，指的是可以從大白然取得的動、植物當中，吃了不會致死或腹瀉的東西。因此「韓國傳統使用的食材及與其類似的食材」這個定義，幾乎等同於所有能吃的食材。有人說魚子醬不屬於韓國食材，但韓國從很久以前就在吃魚卵，所以也算是符合定義。

接下來「以韓國固有的料理方式或與其類似的方式所烹煮出來的食物」，這句也一樣。食物的料理方式，不外乎切、醃、煮、汆燙、烤、蒸、熬、燉、發酵，仔細看世界飲食文化，這些所謂的料理方式「全地球」都很類似。

最後再看所謂「是被創造、發展、傳承為具有韓國民族的歷史文化特性，且符合生活條件的食物。」，這句話說明了韓國食物裡具有的精神文化要素。看起來，精神文化要素可說是定義韓國食物時最重要的角色。若要說明韓國食物的歷史文化特色，可以舉出像是飯和各種配菜攪拌、生菜包肉之類的「味道衝突」特色，也可以舉出等大人先舉筷後才能開始吃飯的「禮節」，以及熱鬧圍坐吃飯的「大圓桌文化」，這些都算是代表性的元素。不過韓國民族歷史文化的特色，原本就具有多樣性和雙重性，有時各種特色之間會彼此產生衝突，導致難以理解的狀況。像是一九九〇年代中期以前，一直在「安靜的早晨國家（譯註：泰戈爾在朝鮮時期頌詠韓國為《安靜的早晨國家》）」生活的韓國人，現在卻是住在「活力的韓國（譯註：二〇〇二年世足賽口號『Dynamic Korea』）」，這就是一例。

既然如此，那麼韓國食物到底是指什麼？世界上的食材都能做為韓國食物的食材，各種料理方式也能全部採用；有時會擺出像拘謹的朝鮮士大夫吃飯的飯桌，有時又會在桌子中間放上烤盤，變成鬧哄哄烤五花肉吃的「修羅場」，這些都算是韓國食物嗎？其實這種困惑並不止是我一人的經驗。最近一年間，我每次遇到與韓國飲食文化相關的人士時，都會丟出這樣的疑問。「所謂的韓國食物，到底是什麼？」問一百次，就有一百個答案。不，應該是問一百次，就有四十個答案不一樣，其它百分之六十左右的人連答案都說不出來。在我聽到的答案當中，最多的是「發酵食物」及「有飯與菜的食物」、「正式的食物」、「簡便的食物」、「速食調理食物」（心中想著烤肉或三層肉所做的回答）、「養生食物」等等。

會產生這些困惑，是因為人們把韓國食物預設為「料理後呈現某種型態的食物」。韓國傳統食物的研究者，將大部分的韓國食物定義為朝鮮時期的食物，所以想重現那個時期吃過的食物，進而研究那些食物的變化及改良。所以不管是神仙爐，還是九折坂、清蒸鯛魚，一看到這些食物就說是韓國食物。然而當代韓國人無論是在家或是在餐廳，都不會吃這些食物。偶爾去舉辦傳統食物展之類的活動場所，都是只能邊看（不能吃）邊說：「啊，原來我們的傳統食物是這些東西！」。反過來說，對於朝鮮時期沒有，但現代韓國人常吃的食物，卻常遭到質疑說：「這算是韓國食物嗎？」舉例來說像是烤三層肉、紫菜包飯、馬鈴薯湯、部隊鍋等等。

世界上不變的真理，就是「凡事皆會改變」，食物也一樣擺脫不了這樣的真理。當有新的食材流入、料理工具產生變化、生活型態改變、食性改變、氣候改變時，食物就會跟著改變。如果有人認為現在的法國食物、日本的壽司、泰國的米線，跟一百年前、兩百年前、三百年前具有一樣的外觀和味道，這種想法是錯誤的。同樣地，如果認為二十一世紀的韓國食物跟朝鮮時期的食物一樣，大概也沒有比這傻的事了。

如何確保韓國食物的特質

要為韓國食物下出什麼樣的定義，如何決定範圍，都會受到意圖將韓國食物利用在何種目的的影響。因此，韓國食物除了要讓人喜歡吃之外，下定義時還有其他目的，那就是將韓國食物包裝成文化商品，推銷到國外，這點可以理解為一種品牌策略。換句話說，就是要決定什麼樣的韓國食物，可以讓外國人看了以後感受到韓國的本質，而且會喜歡這個食物，然後經由這個過程去了解韓國、喜歡韓國，甚至不只消費韓國食物，還會願意更進一步積極消費韓國的商品。

因此，要推動韓國食物的全球化，首要的工作就是決定什麼食物具有韓國的特質。在前文已經指出，這項工作存在許多困惑，而且已經說明這些困惑是來自於「食物不會改變」的錯誤認知。如果是這樣，那具有韓國特質的食物到底是什麼呢？

在推動韓國食物全球化時，我們常做的研究是針對已經全球化的食物進行評價，像是法國食物、義大利食物、日本食物等事例。那麼我們就來看看，這些國家是如何確保其國家食物的特質。以法國食物為例，會讓法國人及所有外國人認知這是法國食物，其特質是來自何處？是因為烹煮方式？食物風格？吃法？食器？還是裝潢？其實這些都只是確定食物特質的輔助元素而已，真正能形成特質的最重要關鍵，就是能做出法國食物的法國食材。因為用的食材是在法國土地上生產的麵粉以及吃那些麵粉長大的牛、用那些牛的牛奶做成的乳酪和奶油、用法國南部種植的橄欖和葡萄所做的橄欖油和葡萄酒、在法國種植的各種香草等等，所以我們稱之為法國食物。即使用的不是法國生產的食材，至少也要使用能做出與法國食材味道相似的「法式食材」，我們才可能將它認知為法國食物。法國廚師在解說法國食物的味道時，第一句話不正是「這個食材是在法國哪裡生產的」嗎？這個情況在義大利食物、日本食物也是一樣。

韓國食物的特質是什麼，這個問題也應該從這個角度去確認。意即「只能在韓國找到、而且生長在韓國的最美味食材」，這就是具備韓國食物之所以能被認知為韓國食物的特質關鍵。

應該先掌握韓國食材的資訊和價值

身為一名專欄作家，我這二十多年的取材，都來自韓國土地上生產的農水產物、地方鄉土食物、外食業者的食物等等。在這過程當中，有件事讓我不只一、兩次感到失望，甚至挫折，那就是飲食業者的人對韓半島所生產的農水產物完全不了解。年輕的廚師跑到國外學習西方的食材及料理方式，但是對韓國土地上生產什麼食材、各地方的食材有什麼差異、每個季節的食材味道有什麼不同，卻連韓式料理的廚師也不關心。如果以為市場都能看到那些食材，只要去市場挑選最好吃、最新鮮的食材就可以了，這個想法真是大錯特錯。在廚師們常去的市場裡所能見到的韓國食材，不過是所有韓國食材的十分之一不到。因為很多未被大量購買的食材，都無法進入城市裡的市場。舉一個極端的例子，在韓國土地自生的植物中，有千餘種可以做為食用，其味道及營養價值甚至超越西方香草。但這當中有多少自生植物被應用在韓國食物上？

這種結果導致當某種韓國食材先被國外發現具有營養價值時，那一樣食材往往不是被當成極品一掃而光，就是連種子都帶走，栽種做為該國的食材使用。例如像是南部海岸的赤貝、牛角蛤、海鰻、鹿尾菜等當季上等食材，全都流向日本。這是因為國內不懂這些食材的價值，未能將其應用做為韓國食物的食材，才會發生這種事。還有像韓國的鰍魚湯裡使用的胡椒木果實，日本很早就知道它具有做為香辛料的價值，所以將原物進口製成粉，銷往全世界，聽說連種子也都帶回去全面種植。近來韓國食物在日本頗受歡迎，日本的外食業者馬上直接來到韓國，親自走訪食材的產地。曾經有日本的一家業者聯繫我，說要諮詢關於辣椒粉的事，他想了解包括各產地別的辣椒特性、辣椒粉的磨粉方式、不同顆粒大小的味道及香氣差異，甚至還想了解假的日曬辣椒是怎麼做的，可說是鉅細靡遺在研究韓國食材。

有關韓國食材的價值，在與其他國家生產的類似食材比較時，就可以明顯呈現出來。例如在全世界饕客都愛吃的螃蟹料理中，如果能切實掌握韓國梭子蟹的味道，然後研發出最適合的料理方式，這樣就能保有比正在對世界美食家進行行銷的香港泥蟹還高的價值。還有，雖然韓牛和日本和牛的差異點在於韓牛沒有豐富的油花，但是韓牛在熟成後所具有的香甜味相當出色，足以媲美和牛，如果能再改善精肉和熟成的處理方式與料理方法，韓牛一定可以擠身在世界知名特產的行列之中。此外像是甜與辣達到絕妙調和且近來受日本覬覦的辣椒；味道清香微辣、可以提升肉食味道的茖葱等野菜；又甜又酸、在世界柑橘類中味道奇特的柚子；不同於南亞魚露、有著一股濃郁香氣的玉筋魚魚露；比起法國給宏德（Guerande）鹽之花毫不遜色的「新安天日鹽」等等，韓國有許許多多這種「只能在韓國找到、而且生長在韓國的最美味食材」。

關於這些韓國食材的資訊，在韓國政府和地方自治團體、生產者團體等等都會提及一些，大學或研究所的研究資料也散見各處，問題是這些資訊並未被有系統地整理，讓飲食業者得以應用。舉例來說，即使有廚師買了胡椒木果實，想要應用在韓國食物上，卻可能因為胡椒樹果實的特徵、它與類似的山椒樹果實有何不同、不同產地的胡椒樹果實產季、不同加工方法的味道差別、可應用的料理、保存方法、原料產地與產品生產地資訊、價格、購買地等資訊缺乏一目瞭然的整理，使他必須不斷在網路上搜尋及打電話確認，最後終於因為精疲力竭而放棄，這種事情在現實中時有所聞。

再一次強調，食物是會改變的。現代韓國人所吃的韓國食物，和一百多年前朝鮮的食物有很大的不同。在韓半島種植的主要農作物，也和當時不同，在海裡捕獲的魚類也不一樣。廚房的加熱器具和烹煮器具更是有所改變，連盛裝食物的容器也改變了。最重要的是從農業社會進入工業社會後，我們的生活模式有大幅度的變化，在全球化的同時，連食性口味也和以前不同。因此若從朝鮮時期的角度來看現代的韓國食物，想從中找出韓國食物的傳統或特質，就會引起很大的質疑。朝鮮時期有朝鮮的食物，二十一世紀的韓國有韓國的食物。如果要從改變中的韓國食物裡找出韓國食物特質，就只能將焦點集中在「只有韓國才有、在韓國生長的最美味食材」。至於為使韓國食物品牌化，所做的風格研發及標準料理方式整理（雖然質疑其必要性，但是如果一定要做的話），也應該是在掌握韓國食材的價值，並將其資訊化和內容化之後，才要做的事。

韓國飲食的素顏

從泡菜到蔘雞湯，形塑韓國飲食文化的100個事典！

한국음식문화박물지

作者　黃教益（Hwang Gyoik）
譯者　蕭素菁
責任編輯　梁淑玲
封面設計　白日設計
內頁設計　葛雲

總編輯　林麗文
副總編　梁淑玲、黃佳燕
主編　高佩琳
行銷企劃　林彥伶、朱妍靜
印務　江域平、李孟儒

社長　郭重興
發行人兼出版總監　曾大福
出版　幸福文化
地址　231 新北市新店區民權路 108-1 號 8 樓
粉絲團　www.facebook.com/Happyhappybooks/
電話　（02）2218-1417
傳真　（02）2218-8057

發行　遠足文化事業股份有限公司
地址　231 新北市新店區民權路 108-2 號 9 樓
電話　（02）2218-1417
傳真　（02）2218-1142
電郵　service@bookrep.com.tw
郵撥帳號　19504465
客服電話　0800-221-029
網址　www.bookrep.com.tw

法律顧問　華洋國際專利商標事務所 蘇文生律師
初版二刷　2022 年 1 月
定價　400 元

Originally published in Korea in 2011 by Tabibooks
Complex Chinese edition published in 2018 by Happiness Cultural,
a Division of Walkers Cultural Enterprise Ltd.
under the license from Tabibooks through Power of Content Ltd.

韓國飲食的素顏：從泡菜到蔘雞湯，形塑韓國飲食文化的 100 個事典 / 黃教益 著. -- 初版. -- 新北市：幸福文化出版：遠足文化發行, 2018.11　面；公分. -- (飲食區；11)
ISBN 978-986-96869-5-2 (平裝)
1. 飲食風俗 2. 韓國
538.7832　107017438